S^M_R

Bibliographische Information der Deutschen Nationalbibliothek:

Die Deutsche Nationalbibliothek verzeichnet diese Publikation in der Deutschen Nationalbibliographie; detaillierte bibliographische Daten sind im Internet über http://dnb.dnb.de abrufbar.

$S^M{}_R$

© 2017 Sonja Maria Rathjen

Herstellung und Verlag: BoD — Books on Demand, Norderstedt

Satz: Sonja Maria Rathjen

Umschlagillustration: © Anneliese Rieger
www.riegerart.de

Zeichnung für diese Ausgabe eingefärbt und vervielfältigt in Absprache mit der Künstlerin

Umschlaggestaltung: Sonja Maria Rathjen

ISBN 9-783-743-19041-2

Sonja Maria Rathjen

UNKENRUFE VON HÜBEN

Gedichte und Lieder

S^MR

*Wir werden so tief
 sinken, daß selbst die Unke
 aufhört zu rufen.*

Über dieses Buch

Horch, was ruft von hüben:
Könnten Unken sein,
Denen es herüben
Mulmig ist und rein

Gar nichts ist geheuer,
Was sie so umgibt,
Die, was einem teuer
Ist und was man liebt,

Skeptisch hinterfragen,
Schwarz seh'n immerzu
Und in allen Lagen
Quaken müssen. Puh!

Über die Verfasserin

Ihr Lebenslauf tut nichts zur Sache:
Der Inhalt ist's von diesem Buch,
    Der für sich spricht.

Gemacht was sie hat oder mache —
Das ist für sie ein rotes Tuch! —,
    Verrät sie nicht.

Vorwort

Ein Wort vorweg

Ein Wort im Titel vom Band
Wurde schon einmal verwandt.
Daß ich vom Titel d'rob lass',
Käme mir gar nicht zupaß.
Schlage zur Güte vor, daß
Man ihn als Geste auffass',
Hinweisend auf Günther Grass.

                        Sonja Maria Rathjen
                             im April 2017

Zum Titel

Eine Unke sagt zur andern:
Laß uns mit den Kröten wandern!

Unke zwei gibt zu bedenken,
Daß, wohin es sie auch lenken

Mag, an Teiche, Bäche, Flüsse,
Man doch über Straßen müsse,

Kröten würden dort in Scharen
Doch tagtäglich überfahren!

Unke eins ruft aus: „Mensch, Meier!
Gibt's nicht hüben einen Weiher?!"

Unkengleichnis

Täten wir's den Unken gleich,
Suchten wir uns einen Teich:

Dessen Schlamm ist kühl und weich
Und besonders nährstoffreich

Und — so viel auf einen Streich! —
Schutz und Schild für unsern Laich.

Wir dagegen halten viel
Mehr davon, daß wir agil

Sind und bleiben, um ein Ziel
Zu verfolgen, und mobil

Bis ins hohe Alter sind,
Denn wir lernen schon als Kind,

Daß man sich nicht lange bind'
Und sich immer neu erfind'.

Dennoch läuft's aufs Selbe raus,
Denn wir sparen auf ein Haus,

Das am Ende uns'rer Zeit
Uns, wenn's gut geht, noch zu zweit

Spende Schutz und Sicherheit,
Wärme und Behaglichkeit,

Bauen möglichst alles an,
Das uns zwei ernähren kann,

Denn wir setzen alles dran,
Unabhängig auch vom Han-

Del zu werden, daß wir dann
Endlich frei sind irgendwann.

Fragt sich, warum nicht sofort,
Wenn's uns eh treibt hin nach dort.

Krise

Erwartungsvoll geht er
Die Buchregalmeter
Ab, läuft sich die Hacken
Spitz. Nichts kann ihn packen.

Die Schriftstellernamen
Und Titel von Dramen,

Essays und Geschichten,
Erlebnisberichten,

Romanen, Novellen
Auf traditionellen

Bis grellbunten Rücken
Der Bücher erdrücken

Ihn, statt ihn zu locken.

Er fängt an zu bocken,

Wird zunehmend sauer,
Denn wie vor 'ner Mauer,

So kommt's ihm vor, steht er
Vor Meter um Meter.

In dieser Misere
Fühlt er eine Leere

Wie nie und weiß, diese
Verweist auf 'ne Krise

Des Innern, in der er
Nur wird immer leerer.

Was bleibt noch vom Wesen,
Kann er nicht mehr lesen?

Nachhilfestunde

1. Nützliches lehrt uns die Hauswirtschaftslehre,
   Kochen und Backen zumal,
   Umgang mit Messer und Hobel und Schere,
   Hinreichend groß an der Zahl.

Bridge: Vor allem die Tips für das Putzen
   Sind von unbeschreiblichem Nutzen:

2. Allemal für alle Haushaltsgeräte,
   Jedes für sich ein Juwel.
   Katastrophal, wenn es eins nicht mehr täte:
   Jedes Rezept schlüge fehl!

Bridge: Drum putz jedes einzelne gut,
   Damit's es noch sehr lange tut!

Break: (*entlang Bridge*)

3. Aber es bleibt das Problem mit den Büchern,
   Staubfänger, die sie ja sind:
   Nicht dran zu denken, mit Feudeln und Tüchern
   Staub Herr zu werden, mein Kind!

Bridge: Denn Staub ist doch wahrlich kein Spaß,
   Drum: Bücher gehör'n hinter Glas!

4. Denk doch mal dran, wieviel Platz sie dir stehlen,
   Stehend im Bücherregal,
   Und an die Wandflächen, die dir dann fehlen!
   Besser, du läßt diese kahl.

<u>Bridge</u>: Das beste dran, sind diese glatt:
   Daß man keine Staubfänger hat!

<u>Break</u>: (*entlang Strophe*)

<u>Bridge</u>: Ein Buch zieht den Staub förmlich an,
   Wo's staubfrei genug nicht sein kann!

<u>Bridge</u>: Drum schreib dir das hinter die Ohr'n:
   Ein Buch hat im Haus nichts verlor'n!

Unentschlossen

Gebückt steht er sinnend im Garten,
Studiert alle Unkräuterarten,

Die zwischen den Grashalmen sprießen.
Doch kann er sich nicht recht entschließen,

Er weiß nicht recht: soll er es zupfen,
Mitsamt seiner Wurzel es rupfen?

Bis er sich an Gift oder Dung traut,
Ersticket sein Rasen im Unkraut.

Wenn's dumm läuft

Wenn ich auch weiterhin so mit mir hader',
Dann ist es am Ende, wenn's dumm läuft, zu spät
Dafür, daß ich vielleicht doch meine Ader
Entdecke für sowas wie Spontanität.

Unkenweisheit I

Hörst du erst die Unkenrufe,
Kommst du nicht mehr in die Hufe.

Errungenschaft

Um jedes Wort hat er gerungen
Und ist fast im Karree gesprungen,
Hat Perfektion sich ausbedungen,
Bis er es spürt: es ist gelungen.

Künstler, oh Künstler

Künstler, oh Künstler, was immer du treibst,
Woran und mit wem du dich künstlerisch reibst:
Denk dran, die Kunst lebt vor allem ganz doll
Von dem, der die Kunst schließlich aufnehmen soll.

Definition

Was denn Kunst nun wirklich sei:
Daran scheiden sich die Geister.
Ist sie scheinbar noch so frei,
Findet sie doch ihren Meister.

Unfrei nach Schopenhauer

War es nicht der Schopenhauer,
Der die Kunst sich mal genauer

Ansah, daß er einmal kläre,
Was der Kunst Bedeutung wäre?

Bar der überhöhten Rolle,
Der sie sich verdingen solle,

Bar auch jeglicher Bedeutung,
Dient sie schlicht der Marktausbeutung.

Filz und Honig

Zu Lebzeiten weiterhin gilt's,
Sich nutzbar zu machen den Filz,

Der alles in allem bestimmt,
Wer hochkommt. Und wer sich benimmt,

Bleibt oben, egal was er tut,
Dem geht es im Filz richtig gut.

Doch muß er ihn freilich hofier'n
Und Honig ihm reichlich auch schmier'n

Um seinen schon filzigen Bart:
Das bleibt ihm denn doch nicht erspart.

Wie klebrig verfilzt und wie scheuß-
Lich's zugeh'n kann: meinte *das* Beuys?

Erfolgsrezept

Man nehme den fauligsten Fitzel
Papier, der im Müll sich noch findet,
Versehe ihn dann mit Gekritzel,
Das ihn hoch bedeutsam verbindet

Mit Unrat, egal welcher Sorte.
Man rahme ihn ein, und man stelle
Ihn aus, sprech' gewichtige Worte
Zur Einführung, die man als Quelle

Der Eingebung gebe den Leuten,
Derweil sie in Andacht betrachten
Den Unrat, den sie nun zu deuten
Verstehen, wonach sie ja trachten.

Und siehe, wie alle jetzt nicken,
Der Kritzelei Deutung erlegen!
Mit grüblerisch wissenden Blicken
Die Leute zum Kauf zu bewegen,

Zu zahlen horrend hohe Preise —
Je höher sie sind, desto besser:
Das wertet dich auf seine Weise
Gleich mit auf, weshalb hoch bemess' er

Die Preise! —, muß dir noch gelingen.
Egal was die Zeitungen schreiben,
Vielleicht auch an Blödsinn sie bringen,
Die Schmerzen des Zahlvorgangs bleiben.

Und die tragen jetzt deinen Stempel.
Um dir einen Namen zu machen,
Tut's jeder erdenkliche Krempel.
Nur darfst du nie öffentlich lachen!

Musterhaft

Der Wiedererkennungswert ist es,
Und sei's des gigantischsten Mistes,

Der aufmerksam macht auf die Dauer
Den Kunstobjektmusterbeschauer.

Dekade der Dekadenz

Verfügbar, erhältlich, kreïert überall,
Befindet die Kunst sich im freien Zerfall.

Nur Mut!

Trifft der Künstler einen Kenner,
Der ihm sagt, er sei der Renner,

Frage er ru͜ig einmal nach,
Ob sein Können ihn bestach,

Oder ob er ihn so taufe,
Weil sein ‚Zeug' sich gut verkaufe.

Welche Schlüsse er dann zieht
Aus der Antwort, bleibt sein Schiet.

Wenn auch im kleinsten

Erregen tut uns vieles täglich,
Und manches ist uns unerträglich.

Wir sind erschüttert, schwer getroffen.
Denn, ach, wir wagen nicht zu hoffen,

Daß unser Beitrag je was bringe
Ob all der grauenvollen Dinge,

Von denen wir zu lesen kriegen,
Wenn wir die Zeitung überfliegen.

Und dennoch halten wir dagegen,
Indem wir in die Wunde legen

Den Finger, und das ungebrochen,
Und auf Veränderungen pochen.

Mag sein, daß wir kaum was erreichen.
Doch wenn auch wir die Segel streichen,

Wird's auch im kleinsten erst so richtig
Verfinstern sich. Drum ist's so wichtig,

Daß wir aufs neu den Scheffel heben
Und Sauerstoff dem Lichtlein geben,

Auf daß es nähre sich und flacker',
Wenn auch im kleinsten: hell und wacker.

Unbeugsam

In der rechten Geisteshaltung
Ist was immer auch erlaubt
Bis hinein in die Gestaltung:
Das zumal hat er geglaubt.

Schon weist man ihn in die Schranken:
Seiten-, Zahlen-, Tastenzahl,
Schriftart, -größe, all die kranken
Rechtschreibhürden sind formal

Vorgeschrieben, einzuhalten,
Mag er noch so sprachgewandt
Seine Grundidee entfalten,
Strukturell noch so brillant.

Reimen gilt als unpoëtisch,
Rhythmus fast schon als Delikt:
Das vertreten sie frenetisch,
Ehe man es eingeschickt,

Jene nämlich, die das Sagen
Haben im Verlagsbetrieb.
Wie soll einer denn noch wagen,
Einzuschicken, was er schrieb?

Es zu ändern, heißt es fleddern:
Darauf läßt er sich nicht ein.
Eher wird er alles schreddern,
Was er schrieb: dann soll's so sein.

Prophylaxe

Wer sich zu oft erregt,
Zu échauffieren pflegt,

Dem schlägt es bald aufs Herz.
Drum mach nicht so 'nen Terz!

Künstlersosein

Ist ein Künstler zu verletzlich,
Sich so ausgeliefert, wägt
Er sich zudem unersetzlich,
Weil er so tief sinnt, erträgt

Er nicht eines Menschen Nähe,
Während er versonnen ist,
Wünschte sich jedoch, er sähe
Außerhalb des Sinnens Frist,

Wenn auch selten, doch mal einen,
Der ihn dann auch ganz versteht,
So daß der ihm grad' in seinen
Schaffenspausen gern mal geht

Flugs zur Hand, weil er das Leben
In der Praxis dann nicht führt,
Etwa seinen Haushalt eben
Mal ganz leis', wie's ihm gebührt,

Schmeißt und dann auch die Geschäfte
Leitet ohne Unterlaß,

Daß er spare seine Kräfte
Für sein Schaffen, ohne daß

Er es merkt, ganz unaufdringlich,
Weil sonst irgendwas tief drin
Wäre weg unwiederbringlich,
Einen, der nur ihn im Sinn

Hätte, einen Menschen, den es
Offenbar nicht geben kann,
Kurz: erfüllt er also jenes
Gängige Klischee, erst dann

Wird er als ein solcher gelten,
Unabhängig von all dem,
Was er hält für seine Welten,
Und dann hat er ein Problem.

Er wird einer von den Schraten,
Denen man Erfolg beimißt,
Doch verkannt, wird sich verraten
Und sein Werk, weil er so ist.

Contrapostartismus

Ist der Künstler selbst Programm
      In der Pose
      Der Mimose,
Daß ihm mächtig schwillt der Kamm:
      Holt den Gockel
      Doch vom Sockel!

Deutsche Sitte

Deutsche feiern nie die Ihren,
Warten, weil man's hier so hält,
Wie die andern reagieren,
Ob es denen denn gefällt.

Sollte es jedoch so kommen,
Daß im Ausland jemand glänzt,
Wird der Jubel übernommen
Und durch Herkunftsstolz ergänzt.

Van der Linnen

Van der Linnen heißt der Maler,
Der vermutlich mit 'nem Strahler

Spritzt die Farbe auf die Leinwand. —
Oder gibt es einen Einwand?

Gut, er könnte durchaus Tüllen
Mit verschied'nen Farben füllen,

Schleudernd, ohne loszulassen,
Kurven seinem Bild verpassen,

Auch Ballons dagegen schmeißen,
Die beim Aufprall würden reißen

Oder platzen, wie auch immer:
Ich hab' keinen blassen Schimmer.

Hat nicht dieser van der Linnen
Schon ganz viele Schülerinnen?

Na, das wäre ja auch logisch,
Sieht man's einmal pädagogisch.

Denn mit Farbe rumzuplatschen,
Ohne Sinn nur draufzuklatschen,

Wird wohl nicht dahinterstecken,
Denn das gäbe ja nur Flecken.

Vehemente Farbverteilung
Mit geübter Bildanpeilung

Fordert technische Versiertheit
In extremer Konzentriertheit.

‚Splashart'[1] nennt's der große Meister.
Einen großen Dienst erweist er

Allen, die den Pinsel schwingen,
Spachteln oder auch mit Klingen

Farbe wieder runterkratzen
Oder rumschmier'n mit den Pratzen.

Farbe schleudern, spritzen, schmeißen:
Das ist Mut, das will was heißen!

In Verehrung ohne Schranke:
Meister van der Linnen, danke!

Ärger

Feige ist's, wenn ein Kulturamt
Nur darauf setzt, was
        die Masse schon kennt,
Nicht aber darauf, was ‚nur' stammt
Von einem ‚no name',
        Kreuz, Sackl Zement!

Nach der Lesung

Nach der Lesung fragt ihn eine
Hörerin besorgt und lieb,
Ob die Dichtung, die er schrieb,
Ihn ernähre, denn ihr scheine

Es riskant, fast schon verwegen —
Angesichts der Dichterflut
Oder –schwemme: welch ein Mut! —,
Sich aufs Schreiben zu verlegen.

Darauf braucht er 'ne Minute,
Ehe er die Einfühlsame,
Dankend für die Anteilnahme,
Höflich rügt mit: „Meine Gute,

Wenn nur die, die mich das fragen,
Jeweils einen Buchband kaufen,
Könnte besser es nicht laufen!
Haben Sie was beizutragen?"

Der arme Dichter

Ich bin gezwungen zu geizen:
Kann schon seit Jahren nicht heizen.

Öl ist für mich viel zu teuer,
Und ohne offenes Feuer

Im ganzen Haus muß ich frieren.
Hilft nichts, den Mut zu verlieren ...

Schlage mich durch ohne Klage,
Trage halt Lage auf Lage

Kleidung aus Filz oder Wolle.
So habe ich die Kontrolle

Über die knappen Finanzen
In meinen Haushaltsbilanzen,

Ohne daß ich durch 'ne Grippe
Aus meinen Filzlatschen kippe.

Ganz einfach

Erweist sich meine Kunst als brotlos,
Dann leb' ich halt von Roggenschrot bloß!

Wie kommt's?

Die größten Talente
Bezieh'n keine Rente.

Warum?

Warum war sie nur so verbiestert
Und hat nicht fürs Alter geriestert?
Warum fehlte ihr das Vertrauen?
Das wird ihr das Alter versauen.

Die arme Poëtin

Gar nichts hat sie angespart,
Doch sie lebt im eig'nen Haus,
Ist inzwischen schon bejahrt,
Aus dem Arbeitsalltag raus.

Niemand wird sie mehr bestall'n,
Und zum Amt will sie nicht geh'n:
Zappeln in des Amtes Krall'n
Würde sie nie übersteh'n.

Tausend Euro bräuchte sie
Monatlich, doch wie, woher?
Von der Lyrik freilich nie ...
Doch die sprudelt umso mehr.

Altersweisheit

Alter schützt vor Armut nicht
Und schon dreimal nicht vor Gicht.

Unkentrugschluß

Gut, so scheint's, wird das nicht enden.
Lassen wir's dabei bewenden!

Tagtraum

1. Meine Konten si-ind leer,
   Ich zahle in Raten.
   Ich kriege ni-ichts mehr
   Am Geldautomaten.

   Kein Mensch darf das wissen:
   Mir geht es — ... entsprechend.
   Ich kann bald ni-icht mehr ...
   Meine Ko-onten sind leer.

2. Ich gehe zu-um Markt,
   Nicht um was zu kaufen:
   Ich will zum I-Infarkt
   Mich einmal be--...trinken.

   Doch muß ich was singen
   Und etwas darbringen,
   Bis ich genu-ug hab'
   Für 'nen Whi-iskey im Pub.

3. Nach drei Stück oder vier
   Bin ich angeheitert.
   Dann trink' ich zwei-i Bier:
   So geht's immer weiter,

   Bis ich nur noch lalle
   Und schließlich umfalle
   Und ratze wi-ie'n Bär ...
   Wenn's sowei-it doch schon wär'!

Vorstellungsgespräch

„Womit kann ich Eindruck schinden,
Ihnen auf die Nase binden,

Ich sei wie für sie geschaffen,
So, daß es die Laffen raffen?

Vorher muß ich durchagieren,
Wie ich mich zu präsentieren

Habe, um es durchzuhalten,
Es vorab schon ausgestalten."

So sprach sie zu sich. „Wirst sehen:
Stell's dir vor, dann wird's schon gehen!"

„Aber", hörte sie sich sagen,
„Stell dir auch ganz blöde Fragen,

Die dich ganz verlegen machen,
Über sehr intime Sachen!

Stell dir lauter böse Fallen,
Deren Hintersinn zu schnallen

Richtig schwer ist — je perfider,
Desto besser!" — „Nicht schon wieder!"

Rief sie aus. „Ich kann's nicht leiden.
Ist denn das nicht zu vermeiden?" —

„Nein, das weißt du." — „Stimmt." So machte
Sie's, daß sie sich dazu brachte. —
„Gut trainiert ist halb gewonnen!"

So hat sie sich's ausgesponnen
Im Detail, mit sich im reinen.
Daß es klappt, will man doch meinen!

Denn mit solchen Fähigkeiten
Läßt sich's in die Irre leiten:

Darauf scheint es anzukommen ...
Diesmal wird sie angenommen!

Amtsmüde

Vom Amt so warm empfohlen,
Die hierher einzuladen ...
Woher sie die bloß holen?!
Ja, will das Amt uns schaden?

Das sind doch Dilettanten,
Die sie zu uns her senden!
Nicht mal als Praktikanten
Kann man die hier verwenden!

Das Amt hat keine Ahnung
Von Unternehmensplanung!

Nur keine Bescheidenheit! I

Bescheidenheit wird hierzulande
    Getreten mit Füßen.
Tritt man nicht auf im Pompgewande,
    Dann wird man es büßen.

Nur keine Bescheidenheit! II

Drum staple ja nicht allzu tief,
Daß eingeladen die sich fühlen,
Bei denen es halt nicht recht lief,
Dir deinen Ruf zu unterspülen!

Verleumdung nämlich und Verrat
Sind dieser Leute eigen Mittel.
Sie sonnen sich in ihrer Tat.
Ihr übelmeinendes Gekrittel

Sich unterdes Gehör verschafft,
Ohn' Unterlaß sich derweil weidet,
Und desto mehr, je mehr es klafft,
Je mehr man dich entsetzt beneidet.

Denn Kenntnis setzt es doch voraus,
Zumindest aber eine Achtung,
Die jemand hat von Hause aus,
Und ja: Bereitschaft zur Betrachtung,

Daß man des andern Leistung sieht,
Und sei sie noch so ungewöhnlich,
Auf irgendeinem Fachgebiet
Sich zeigend oder rein persönlich.

Nur leider mußt du dir Bescheiden-
Heit leisten können: das ist selten.
Zumeist wird jemand dich beneiden,
Mit Rufmord dir's aus Not vergelten.

Maßregel

Mittelmaß zieht Mittelmaß
Allenfalls heran.
Wie soll's denn auch irgendwas,
Was ein and'rer kann,

Auf dem Stand, den es ja hat,
Anerkennen, wie —
Findet es von außen statt —
Es ertragen, die

Eigene Beschränkung so
Jeden Tag zu spür'n
Und die Kränkung pipapo
Sich so vorzuführ'n?

Daher braucht es ein Genie
Wie dereinst Max Planck,
Das ein and'res an sich zieh'.
Den gab's. Gott sei Dank!

Tauchgang

Er taucht in die Tiefe an sicherem Strang,
Beatmet, im Schutzanzug aus Isopren,
Erforscht Unbekanntes, doch
                      niemals für lang:
Begrenzt sind die Zeiten, auf
                      Tauchgang zu geh'n.

Schon spürt er's im Rücken: ein
                Ruckeln und Zieh'n,
Sofortigen Abbruch be-
                deutend. Sein Ziel
Kann er ja verfolgen, wenn
                andere ihn
In deren Boot laden, denn
                das war der Deal.

Immer im Jetlag

1. Nein, ich komme nie zu spät,
   Weil ich weiß, die andern warten.
   Während sich mein Akku lädt,
   Mischen and're mein Karten.

   Ja, ich muß gleich in'n OP,
   Muß den Schnitt ganz sauber setzen.
   Und ich trink' noch 'nen Kaffee,
   Denn ich will mich nicht verletzen.

<u>Chorus</u>: Immer im Jetlag
           Kann ich freilich nur halb so gut sein:
           Bin ja immer ganz benebelt,
                            weil man
           Mich mit den Zeiten so knebelt,
                            und dann
           Stellt sich ständig die Müdigkeit ein,
           Doch ich wahre den Schein.

2. Heute war ich nicht gut drauf:
   Hab' das Falsche rausgeschnitten.
   Doch das nehmen sie in Kauf,
   Das wird vor Gericht bestritten.

   Und sie steh'n ganz hinter mir,
   Nein, sie lassen mich nicht hängen.
   Denn ich schufte wie ein Tier,
   Weil d'Termine sich so drängen.

<u>Chorus</u>: Immer im Jetlag …

3. Doch dann kam es, wie's so kommt:
   Ja, ich bin wohl eingeschlafen.
   Der Patient entglitt uns prompt:
   Da sie niemanden antrafen,

   Weil beim Golf sie alle war'n,
   Und der Chef sich hat erkoren,
   Selbst zu operier'n nach Jahr'n,
   Haben wir den Mann verloren.

<u>Chorus</u>: Immer im Jetlag
   Kann doch jeder nur halb so gut sein.
   Jeder ist hier nur benebelt,
                                        weil man
   Sie hier doch alle so knebelt,
                                        und dann
   Schleichen immer mal Fehler sich ein.
   Das trifft mich nicht allein.

Streikaufruf

Kommt, Hühner, putt, putt, putt,
Steigt endlich auf die Lei-iter!
Erhebt euch, fordert eure Rechte ein!
Nichts ist im Dutt, Dutt, Dutt,
So geht das nicht mehr wei-iter!
Stellt sofort euer Eierlegen ein!

> Pro Ei, das ihr gelegt,
> Mit Liebe habt gepflegt,
> Mit eurem eig'nen Bauch
> Habt ausgebrütet auch,
> Fordert das Legegeld,
> Um das man euch geprellt!
> Bis man's euch zugesteht,
> In Legestreik nun geht!

Ihr seid doch Mut-, Mut-, Mut-
Ter und erzieht allei-ine:
Kein Hahn kräht nach der Brut,
                     die ihr gelegt.
Drum, Hühner, putt, putt, putt,
Legt ihr jetzt so lang kei-ine,
Bis sich im Brutgebahr'n mal was bewegt.

> Ist es nicht an der Zeit,
> Daß auch ein Hahn bereit
> Ist, seine Pflicht zu tun
> Genau wie jedes Huhn?

Drum gackert Seit' an Seit'
Für Brutgerechtigkeit!
Der Hahn kräht auf dem Mist,
Der doch der eure ist.

Macht ihm kaputt, -putt, -putt,
Was ihn zum Kräh'n verlei-itet,
Daß er euch jederzeit begatten kann!
Und legt in Schutt, Schutt, Schutt
Den Haufen und verbei-itet
Den Mist, denn jetzt sind mal
                die Hühner dran!

Ole I

Ein ganz armer Ole aus Uetze
Lebt seit einem Monat von Stütze.
Kriegt er vom Jobcenter
Termine, verpennt er
Und fragt sich:
    „Was soll denn die Grütze?!"

Ole II

Und Ole aus Nord-Isernhagen
Geht's seinerseits auch an den Kragen,
Denn seine Geschäfte
Geh'n schlecht, und die Kräfte,
Die Firma zu halten, versagen.

Ole III

Und dann erst der Ole aus Uelzen,
Der lebt ja schon lange von Müll. „Zen-
Trifugen entwickeln,
Statt selber zu frickeln,
Wär' besser!" — „Ach, hör auf zu sülzen!"

Ole IV

Doch Ole aus Rinteln am Deister,
Der machte im Harz seinen Meister,
Den vierten in Folge
Mit ‚sehr gut', jawoll! Ge-
Mäß Zählung ‚Harz IV-Meister' heißt er.

Ole V

Der fünfte stammt aus Travemünde
Und wahrte am Ort seine Pfründe.
Den Ort zu verlassen,
Legal zu verprassen
Sein Geld, sind doch handfeste Gründe?!

Ole VI

Und dann gibt es einen aus Celle.
Dem rückte das Amt auf die Pelle.
Der packte und wander-
Te aus. Und so fand er
'Ne Heimat weit weg auf die Schnelle.

Ole VII

Und Ole aus Wilstedt bei Bremen,
Der lebt ja schon lange im Jemen.
Obwohl Terroristen
Im Jemen ja nisten,
Läßt er sich noch lang nicht verfemen!

Ole VIII

Der Ole aus Ruderatshofen
Getraut sich nicht raus hinterm Ofen.
Magnet, sagt man, sei er —
Warum, weiß der Geier! —
Für sämtliche Bergkatastrophen.

Ole IX

Ein Rentner aus Peitz an der Havel
Verbittet sich jedes Geschwafel,
Erst recht blöde Fragen.
Denn knurrt ihm der Magen,
Dann geht er natürlich zur Tafel.

Ole X

Und schließlich der Ole aus Löhne
Verläßt sich da ganz auf die Söhne.
Weil sie ihn versorgen,
Denkt er nicht an morgen.
Er baut auf sie: das ist das Schöne!

Abgeschrieben

Auf Wertpapiere gibt es keine Divide-ende,
Und will man neu anlegen,
                zahlt man nur noch drauf.
Rücklagen bilden für die Zukunft hat ein E-ende:
Daheim gebunkert, braucht sein
                Geld sich einfach auf.

    Du gehst zur Arbeit Jahr um Jahr,
    Und dabei sparst du, darbst sogar,
    Zahlst solidarisch immer ein,
    Glaubst, wie es war, wird's immer sein.

Noch steht die Rente auf zwei
                sogenannten Säu-ulen,
Von denen zweie sich schon
                lang nicht mehr rentier'n.
Für diese wirbt man aber:
                ist das nicht zum Heu-ulen?!
Es kümmert keinen, daß wir dabei nur verlier'n.

    Denn auch Betriebe legen an.
    Es trifft auch diese irgendwann.
    Dein Geld ist hier wie auch privat
    Fehlinvestiert per Staatsdiktat.

Und hat man Eigentum, dann
                muß man es verkau-ufen,
Damit man vier, fünf Jahre überleben kann.

Die Lebensplanung wirft man
　　　　　　　einfach übern Hau-ufen
Und stürzt in Armut jede Frau und jeden Mann.

　　Der Staat greift ein und nennt's sozial,
　　Nachdem er deine Rente stahl
　　Und dein Besitz ging an die Bank.
　　Es ist ein Witz. Na, vielen Dank!

Herz auf dem linken Fleck

Warum verschont ihr uns unverdient Reiche?
Teilhabe wollen auch wir
An der Gesellschaft! 'S ist immer das gleiche:
Schlupflöcher laßt doch wohl ihr!

Notwehr

　　Was er alles auf sich nimmt,
　　Daß mal die Umgebung stimmt,

　　Sie ihn wahrnimmt nicht mehr als
　　Jemanden, der seinen Hals

　　Niemals voll kriegt , nur weil er
　　Von Geburt an zu den Schwer-

　　Reichen und Verwöhnten zählt!
　　Deshalb hat er sich vermählt

　　Mit der Erbin eines Groß-
　　Unternehmens: deshalb bloß.

Konzerne[2]

Konzerne sind heute vor allem gefräßig,
Verschlingen im Wettbewerb um ihre Macht,
Was immer sich tummelt — und so übermäßig,
Daß nicht im Gebälk nur es knarrt und es kracht.
Und ausspeien tun sie Gerippe und Gräten.
Doch stößt es in ihnen zu säuerlich auf,
Nimmt — ob überlasteter Kapazitäten —
So mancher die staatliche Spritze in Kauf,
Die kurzfristig lindert im Freßbauch die Krämpfe,
Doch nicht die Gefräßigkeit abstellen kann,
Nur angetan, daß sie die Krämpfe kurz dämpfe ...
So frißt er und frißt. Plötzlich läuft er rot an
Und steht kurz vorm Bersten, der lahmende Riese,
Verschnupft, weil er Spritze um Spritze erhält.
Fehlt nur noch, daß einer zu heftig jetzt niese
Und mit ihm global alles in sich zerfällt.

Besser isses

Drum grabe man nicht allzu tief,
Sonst lüftet man den schlimmsten Mief!

Tja

Frisch im Amt, kam's, wie es mußte:
Die Gemeinde fuhr Verluste;
Bis zum Hals schwamm sie in Schulden.
Nein: das konnte er nicht dulden!

Da hat er sich aufgeplustert,
Einen Auftrag zugeschustert
Seinem treusten Wahlkampfspender,
Den er hatte auf dem Sender.
Dann hat er es ausgeschrieben,
Und so ist's legal geblieben.

So wird's jeden Tag betrieben,
Werden Hände sich gerieben
Und am Ende reingewaschen.
Erst aus vollgestopften Taschen
Läßt sich's spendentauglich schmieren.
Dabei mag es sich rentieren,
Auch ins Recht zu investieren:
Wenn die Richtigen kassieren,
Wird die Spende rechtens fließen.
Gelder aber zuzuschießen
Mit Gewinn, zeugt von Antennen.
Und nur so bleibt man im Rennen.

Fortan fuhr man Reingewinne
In der Gegend ein im Sinne
Des Diktats der schwarzen Zahlen.
Und die Bürgermeisterwahlen
Waren hiermit schon besiegelt.
Er trat an, nunmehr geschniegelt,
Seine zweite Amtsperiode.

Tja, Erfolg hat halt Methode.

Geschacher

Ein hohes Tier im Staate
Saß auch im Aufsichtsrate
Von einem Unternehmen,
Das wichtig war für Bremen.

Dem Aufsichtsrat vorsitzend
Und nach der Sitzung schwitzend,
Entfernte er sich schnaufend
Und sich die Haare raufend.

Da mahnte ihn ein zweiter:
„So geht das fei nicht weiter:
Die Nerven dir noch bersten!"

Da brach es aus dem ersten:
„Wir stecken in der Krise
Und machen nur noch Miese!
Wir schreiben rote Zahlen,
Und das vor Landtagswahlen!"

„Das liegt an der Statistik",
Sprach jener hinterlistig.
„Ich kann dir offerieren,
Die Zahlen zu frisieren."—

„Ach, helf', was helfen möge!
Doch besser wär's, man zöge
Mich nicht so ins Vertrauen.
Wir woll'n's doch nicht versauen!

Ich weiß, du bist gerissen,
Doch will ich nichts von wissen!"

Und als die Chose aufflog,
Das Amt kam ihnen drauf, log
Der erste nicht, indem er,
Ja selbst kein Unternehmer,
Beschwor, daß er nichts wußte.

So kam's, wie's kommen mußte
Nach dem Gerichtsentscheide:
Der zweite saß für beide
Trotz deren zwei Verkettung.

Und prompt kam dann die Rettung
Der Firma, wie's der zweite
Verstohlen prophezeite:
Mithilfe, wie's empfahl er,
Des Gelds der Steuerzahler.

*

Doch will ich noch betonen:
Der Ort wie die Personen
Sind hierin frei erfunden.

Doch wählte ich nach Stunden
Den Ort so aus, weil ‚Bremen'
Sich reimt auf ‚Unternehmen'.

Der Ort steht hier nur Pate,
Damit es mir gerate.

Neobourgeoisismus

Ist ein Player groß genug
Nach gelung'nem Höhenflug,

Stehen wir für diesen ein
Finanziell und obendrein

Rechtlich, eh' er pleite geht.
Seit wir per Finanzpaket

Bürgen tun für jeden Mist,
Weiß ich, was ein Bürger ist.

Praeprise

Diese ganze große Schirmspannerei:
Sag mal, geht denn da kein Weg dran vorbei?

Bürgen für den letzten Schrott:
Führt das nicht in den Bankrott?

Aufmunterung

Mach nur so weiter! Es rettet dich schon
Die europäische Haftungsunion.

Geht doch!

Elektronisch eingeschossen,
Wird der Benutzer verkohlt:
Kaum hat er was angeschlossen,
Ist es schon längst überholt.

Sparlampenstrategie

Willst ein Produkt du am Markte platzieren
Und den Erfolg dabei vorprogrammieren,
Bieten sich an — um ihn sicherzustellen,
Vorab lanciert — Hysterien in Wellen.

Finde was, das die Gesundheit bedroht;
Drohe damit, daß es ende im Tod;
Und in der Presse verbreite dann Bilder;
Fertige vorab schon Abschreckungsschilder;

Suche nach Studien, die dir dann die Thesen
Liefern, als sei'n sie so neu nicht gewesen,
Nur noch nicht öffentlich, just durchgestochen,
Als sei das Siegel des Schweigens gebrochen!

Kannst damit rechnen: ob schwarz oder rot,
Grün oder blau, alle woll'n ein Verbot
Dessen, was deinem Produkt stand im Wege,
Mit der Geschäftsidee kam ins Gehege.

Laß patentieren die Formel, den Proto-
Typ, stell ins Netz vom Produkt noch ein Photo!
Längst vorher bist du in Serie gegangen,
Ehe die Hysterie-Schürung verfangen.

Schon ist dir sicher das Marktmonopol
Deines Produktes, der Menschheit zum Wohl.

Krisenbewältigung

Dem Rektor von einem Privatinternat
Ward hinter verschlossenen Tür'n
Soeben gestanden aus Not eine Tat,
Die's notwendig machte zu führ'n.

Was ihm da zu Ohr'n kam, erschütterte ihn,
Doch nahm er es auf wie ein Mann:
Gewissenhaft setzte er einen Termin
Zur Krisenbewältigung an.

Im Duktus bestimmt, legte alles er dar.
Er nahm auch kein Blatt vor den Mund.
Denn er war der Rektor und wußte, wie's war,
Und das genau tat er jetzt kund.

Die Kinnläden fielen, man starrte ihn an,
Die Augen riß man dabei auf.
Kein Laut war zu hören: so stark war der Bann,
In den er die Lehrer im Lauf

Der Darlegung schlug. Und die Pikanterie
Trat offen zutage dabei,
Denn nichts ließ er aus, und jetzt wußten's
                              auch sie
In jedem pikanten Detail.

Worum es sich handelte, ward nie publik.
Sie machten es unter sich aus.
Es wurde gemutmaßt, gehofft auf ein leak,
Doch niemals kam irgendwas raus.

Auf Anfrage

Auf Anfrage, was euch erwarte,
Zieh' ich die zu deutende Karte
Und geb' euch zur Antwort: nichts Gutes
Und mehr noch — auf Klarsicht beruht es:
Ihr werdet es alle noch büßen.
Das war's jetzt. Kassandra läßt grüßen.

In seiner Überheblichkeit

Der Mensch in seiner Überheblichkeit
Glaubt wirklich, er weiß
        wahrhaft wunders wie Bescheid,
Und macht sich allenthalben furchtbar breit
Und nimmt in Kauf so vieler and'rer Wesen Leid.

Und plötzlich wehrt die wunde Erde sich,
Indem sie brodelt,
        speit und alles Gift erbricht.
Und dann erbebt sie, und so fürchterlich,
Daß nunmehr klar ist:
        Herrscher ist der sicher nicht.

Doch da der Mensch halt überheblich ist,
Wird es so kommen,
        daß er sich dran überhebt.
Bezeichne man mich ru'ig als Fatalist:
Der Mensch treibt's so lang,
        bis kein Wesen überlebt.

Ach, Mutter unser!

Fühlst du dich wie eine Mutter,
Deren Söhne sich verirrt,
Meinst, im Grunde sei's in Butter,
Denkst, sie sei'n doch bloß verwirrt,

Ihnen fehle halt der Vater,
Der sie führt mit fester Hand,
Weil noch nie mit Rat und Tat er
Deinen Jungs zur Seite stand?

Hast Verständnis du für diese
Und rechtfertigst sie noch gar
Damit, daß sie eine Krise
Durchgemacht ganz offenbar?

Ach, naiv wenn ich doch wäre!
'S Leben könnt' so einfach sein ...
Aufsäß' gerne der Schimäre
Ich wie du: was wär' das fein!

Leider ist's mir nicht gegeben.
Heucheln aber kann ich nicht.
Ich find's einfach nur daneben,
Und die Tat für sich doch spricht!

Destruktiv, sich gehen lassend,
Hirnverbrannt und blind vor Wut
Tun sie's. Glaubst du, es sei passend,
Kundzutun, der Mensch sei gut,

Brauche nur die rechte Führung,
Daß aus ihm was rechtes werd'?
Hey, ich weine gleich vor Rührung!
Mann, ich glaub', mich tritt ein Pferd!

Sag das mal den Opfern, denen
Diese haben's angetan!
Man kann's ganz schön überdehnen
Mit dem Gutmenschglaubenswahn ...

Jubel, wenn am End' sie sind in
Die Gesellschaft integriert,
Wenn sie diese an sich bind't, in
Güte rehabilitiert!

Ach, Iustitia, Mutter unser,
Mach die Augen endlich auf!
Schau's von allen Seiten unver-
Hüllt an! Ich verlass' mich drauf.

Rezept

Bomben bau'n kann jeder Gimpel:
Nach Rezept im Netz ist's simpel.

Abkabelung

Ehe Den Haag bei uns reindrischt,
Kappen wir 's Mitgliederkabel.
Daß sich da ja keiner einmischt!
Wir sind nicht justiziabel.

Wuthörer-Dampfwalzer

1. Ganz egal, worum es geht,
   Gibt's Experten, die beredt
   Uns erläutern, was sich tut,
   Weil's auf Wissenschaft beruht.

2. Was sich grade erst getan,
   Ruft Experten auf den Plan,
   Bringt sie über Nacht hervor,
   Und schon faselt's uns ins Ohr.

Chorus: Diese Dauerdödeldampfplauderei
   Geht uns sowas von am A-Punkt vorbei!
   Die beredte heiße Luft:
   Kaum entwichen, schon verpufft!

3. Und wir fragen mißgestimmt,
   Woher man die plötzlich nimmt.
   Mit Erklärungen vermüllt,
   Wird ein Vakuum gefüllt.

4. Bei dem Vakuum jedoch
   Handelt sich's nicht um ein Loch
   In des Talkshowhörers Hirn:
   Dem geht's nur noch auf den Zwirn!

Chorus: Diese Dauerdödeldampfplauderei
   Geht uns sowas von am A-Punkt vorbei!
   Die beredte heiße Luft:
   Kaum entwichen, schon verpufft!

Rhetorische Fragen

Hältst du denn wirklich für Angst,
Was sich im Volke macht breit?
Ist es nicht längst an der Zeit,
Daß du dir mehr abverlangst,

Sorgfältig wirst und beginnst,
Klar zu seh'n; ehe du sprichst,
Du in Geschwafel ausbrichst,
Dich eines bess'ren besinnst?

Schau doch mal hin und hör rein!
Heuchle nicht, gaukle nichts vor!
Zählt es zu deinem Ressort,
Floskelbekunder zu sein?

Der knatschblaue Brief

Es trudelt ein ein knatschblauer Brief
   Bei der Pegida-Familie.
Es steht darin, es gehe was schief
   Mit ihrer Tochter Ottilie.

Sie habe sich — verstärkt und massiv —
   Störrisch und bockig gebärdet,
Jedoch, obwohl recht konservativ,
   Sei sie zersetzungsgefährdet.

Ausschalten und walten

Ist die Presse unbequem,
Einem Staatsmann nicht genehm,

Macht der eine immer wieder
Sie bei Konferenzen nieder,

Setzt ein anderer noch Fristen,
Ehe er die Journalisten

Einsperr'n läßt bei Nacht und Nebel,
Denn er sitzt am läng'ren Hebel.

Und läßt sich kein Anlaß finden,
Läßt er diese halt verschwinden.

Gibt es dennoch ein Problem,
Ändert er das Rechtssystem,

Biegt das Recht durch Paragraphen
Und verhängt erst dann die Strafen,

Die sie zieh'n aus dem Verkehr.
Übrig bleiben hinterher

Nur die ohne Gegenwehr:
Keiner kritisiert ihn mehr.

Metamorphose

Mit moralgebeizter Keule,
Die man abgegriffen schwang,
Holte man sich manche Beule,
Ward sie doch zum Bumerang.

Testfragen

Haben Sie etwas — politisch,
Moralisch und überhaupt — kritisch
Angemerkt, eindringlich mahnend,
Für alle den Untergang ahnend?

Hat Sie die Gegenbewegung
Genauso versetzt in Erregung?
Hat's Ihnen auch so gestunken?
Willkommen im Kreise der Unken!

Volksbefragung

Kann das Gros der
Institutionen
Noch maroder
Werden, und lohnen
Sie sich? Oder
Sollen Personen

Sie entmachten,
Die als Ikonen
Anzuschmachten
Wir zu Millionen
Wieder trachten
Auf deren Thronen?

„Wir sind das Volk!"

„Wo sind sie hin, die Sitten,
Die Sätze der Moral,
Die uns zusammenkitten,
Die in der Überzahl
Wir sind in unsern Breiten?"

Das hört man aller Orten.
Die Nachkriegszeit, sie sei
In deren eig'nen Worten
Doch lange schon vorbei.
Die Selbstverleugnungszeiten,

Die alles madig machen,
Was unser Land vereint —
Das sei doch wohl zum lachen! —,
Sind, wie man heute meint,
Zum Teufel, überwunden.

Man dürfe alles sagen
Und endlich frei und frank
Es auszusprechen wagen
Und habe, Gott sei Dank,
Jetzt zu sich selbst gefunden.

Sie fühlen sich gereinigt
Von der Vergangenheit.
Doch was sie wirklich einigt,
Ist ihre Bitterkeit,
Die sich enthemmt entlädt.

Sie wollen einen ‚Heider',
Der alles richten soll,
Und sie verwechseln leider
Den bodenlosen Groll
Mit Volksidentität.

Selbstbehauptung

Aufgemandelt sind wir wer,
Drum muß noch ein Führer her.
Denn mit einem starken Mann
An der Spitze vorne dran,
Der geschnitzt aus and'rem Holz,
Zeigen wir uns voller Stolz,
Zeigen, was 'ne Harke ist,
Bis man uns're Flagge hißt.
Ganz egal, wohin das führt,
Strotzen wir, wie's uns gebührt.
Weiß und männlich obendrein:
So muß unser Führer sein.
Notfalls geht auch 'ne Jeanne d'Arc:
Hauptsache, wir fühl'n uns stark,
Bodenständig, national,
Ignorant anstatt global.
Gutmenschmäßig unterwegs:
Mann, geht uns das auf den Keks!
Dumpf und abgestumpft und blind:
Das ist nämlich, wie wir sind!

Trittbretttreter

Besonnenheit wird grad' vom Rande
Getreten mit Füßen.
Sieht man zur Wehr sich außerstande,
Wird schwer man es büßen.

Wo Fressen und Gefressenwerden
Das Existenzielle
War, als wir noch in Sippenherden
Geschwungen die Kelle,

Wird jetzt das Treten grad' betrieben
Im Passiv und Aktiv.
Es wird getreten nach Belieben
Und gegen den Takt. Tief

Und sinnreich wenn man denkt, wird's bitter.
Gesenkt und gespreizet
Wird in der Breite grad' im Twitter
Der Mob angeheizet,

Bis der, im Gleichmarsch tretend, blökt
So platt und so nieder,
Wie's irgend geht, weil ihr das mögt,
Die ihr, noch zu bieder,

Vorm Kasten hockt, den Schnabel offen,
Daß er werd' gestopfet,
Euch vormacht, ihr wärt tief betroffen,
Weil's Herzelein klopfet.

Doch klopft das schon im selben Schlage,
Den von euch ihr weiset
Zu sein. Denn es steht außer Frage,
Daß ihr bald entgleiset.

Dann blökt auch ihr und werdet treten,
Weil es grad' so Sitte,
Erweist bald ihr euch als Proleten-
Vertreter der Mitte.

Wer bleibt da noch, der grad' besonnen
Und vielschichtig denket?
Wer ist dem Tweetgeblök entronnen,
Weil nicht fehlgelenket?

Gruß vom Fußabtreter

Hier, ich schenk' dir meinen Fuß
Mit 'nem schönen lieben Gruß.
Ist zwar schon benutzt, gebraucht,
An der Fessel leicht gestaucht,

Doch er wird dir super steh'n,
Von der Größe abgeseh'n,
Aber da wächst du noch rein,
Und dann wird er passend sein.

Gott zum Gruße und auch dir!
'S ist der Fuß nun dein. — — Von mir.

Twittergewitter

Wenn sie seh'n ihr Heil bedroht,
Sind sie, sich impfen
    zu lassen, bereit,
Daß auch ihr Ton bald verroht:
Hauptsache schimpfen,
    denn Schimpfen befreit.

Alarm!

Des Rachenraums Hülle ist inkontinent!
Hat Risse, die Schließmuskelfaser der Lippe!
Ganz schlimm aber wird's, wenn dabei hypervent-
Iliert wird, denn dann steht vermüllt auf der Kippe

Fäkaliengesättigt die Luft, und es stinkt
Zum Himmel, so daß einem wegbleibt dieselbe.
Der Erdatmosphäre Gemisch: es versinkt,
In Farben getaucht, etwa senfgrünlich gelbe!

Wo bleibt die EU mit der rettenden O-
Bergrenze, dem Richtwert, der zuträglich ist,
Der Gipfel der Sieben? Wann wird das Niveau
Auf Weitsicht gehoben mit bindender Frist?!

Obere Grenze

Nein, das ist schon nicht mehr drollig,
Wenn's im Galakleid wird prollig!

Geburtsfehler

Nachgeboren
    gegen Lehren
        sich verwehren,
Vor den Toren
    wiederkehrend
        aufbegehrend,
Des Gedächtnis-
    ses entbehrend,
        es entehrend,
Ums Vermächtnis
    sich nicht scherend,
        ist verheerend.

Noch

Der Parteien überdrüssig,
Hält man sie für überflüssig,

Gründet man in allen Ländern
An den radikalen Rändern

Halt mal neue aus Protest,
Nimmt Europa in Arrest,

Würgt es bis zur Atemnot,
Daß schon Atemstillstand droht.

Jappsend ringt es um sein Leben:
Noch hat es nicht aufgegeben.

Volksbegehren

1. Laß uns spekulieren,
   Wir ham sonst nix zu tun!
   Was passiert, wenn dies und das geschieht?

   Was wird dann passieren?
   Dann ist bestimmt high noon...
   Ganz egal, wir woll'n ein Plebiszit!

2. Stellt uns eine Frage,
   Wir woll'n beteiligt sein!
   Stellt sie so, daß wir den Sinn versteh'n!

   Legt was auf die Waage,
   Wägt ab das ‚Ja' und ‚Nein'!
   Notfalls gilt's, die Fakten zu verdreh'n.

<u>Chorus</u>: Volksabstimmung wollen wir!
   Alles ist jetzt unser Bier.
   Uns ist alles zuzutrau'n,
   Auch wenn wir es nicht durchschau'n.

3. Macht die Sache simpel,
   Denn, hey, wir sind bequem:
   Einarbeiten wollen wir uns nicht!

   Dann verteilt die Wimpel
   Mit ‚Ja'- und ‚Nein'-Emblem,
   Sagt, was für und was dagegen spricht!

4. Haltet eure Reden
Mit großer Emotion!
   Wir woll'n schimpfen, jubeln, demonstrier'n,
  Hetzen gegen jeden
Aus der Opposition,
   Denn wir woll'n das Volk polarisier'n!

<u>Chorus</u>: Volksabstimmung ...
        Denken ist Vergangenheit.
        Wir woll'n einen Volksentscheid!

Klexit

Statt am Aufstieg mitzufeilen,
Um den Gipfel anzupeilen,
Fängt er an, sich abzuseilen,
Ohne wegen eines steilen
Felsvorsprungs mal zu verweilen ... —,
Sich beim Abstieg zu verkeilen.

Und die Seilschaft schließet Wetten
Ab, ob der sei noch zu retten,
Kriegt allmählich dann Manschetten

Und beschließet — die Etappen
Vor sich, die noch müssen klappen —
Kurzerhand, ihn abzukappen,

Daß der Aufstieg ja nicht scheiter'.
Und die Seilschaft klettert seit der
Kappung schneller, höher, weiter.

Elisabeth

Elisabeth als junges Ding
Bestieg den Thron von Engeland
Und allem, was daran noch hing,
Was man mit Engeland verband:

Neuseeland war's und Kanada,
Australien, Hongkong, Nordirland
Nebst Staaten längs durch Afrika,
Auch Schottland, Wales am Inselrand.

Nicht mehr dabei war Indiën
Mit seinen beiden Pakistan
Als Koloniēn in Asiën.
Noch vieles mehr war untertan

Dem Königshaus im großen Reich
Britanniën von Alters her.
Doch stand's in keinerlei Vergleich,
Denn herrschen durfte es nicht mehr.

Symbolkraft aber hatte sie,
Die Krone, die das Reich vereint.
So strahlte Englands Monarchie
Doch weitaus heller, als man meint.

Als erster Staat im Erdenrund
Wurd' demokratisch er regiert
Und galt als Vorbild künftig und
Wurd' darin schlecht und recht kopiert,

Der Staat der Briten, der auch jetzt
Den Parlamenten dieser Welt
Als Vorbild dient — und nicht zuletzt,
Weil er sie in den Schatten stellt.

Denn ganz direkt wird dort gewählt,
Nicht mittelbar und relativ.
Wird anderswo so ausgezählt,
Gilt's als gefährlich und naïv.

Doch jüngst gab's einen Volksentscheid,
Der knapp in seinem Ausgang war
Und wohl zu unser aller Leid
Des Wahlvolks Spaltung legte dar.

Die Hauptstadt schied sich von dem Rest
Des Landes als ein Ballungsraum
Des Geldes, dem man aus Protest
Die rote Karte zeigte. Kaum

Noch jemand aber traute sich,
Den Volksentscheid auch durchzuführ'n.
Grad' jener ließ das Volk im Stich,
Der's an sich riß, es aufzurühr'n.

Und der, der für den eig'nen Zweck
Das Referendum inszeniert,
Verkroch sich erstmal unter Deck
Des Schiffs, das er hatt' manövriert

In schwere See, wo's schlug ein Leck
Und drohte zu zerbrechen gar;
Ein and'rer sollte aus dem Dreck
Das steuern, was noch übrig war.

Nun wird's gebeutelt hin und her,
Und ‚Mayday'(!) funkt's in seiner Not
Und treibt allein aufs off'ne Meer,
Wo's jederzeit zu kentern droht.

Vom Ufer starrt man fassungslos,
Und machtlos schaut man auf die See.
Und die Erschütterung ist groß,
Erwartend, daß es untergeh'.

Die Steuermänner *des* Verbands,
Aus dem das Schiff sich losgemacht
Vom äußersten des Flottenrands,
Sind, kalt erwischt, jäh aufgewacht.

Die Wellen, die der Austritt schlug,
Erfassen nicht nur den Verband
Und schlagen über Heck und Bug:
Sie überspülen Japans Strand

Und reißen Firmen mit sich fort;
In China und den U.S.A.,
Die Zugang zu dem Rest von dort
Aus kriegten, weil's dort libera-

Ler zuging als im ganzen Rest,
Inssondere beim Kapital-
Verkehr und –handel, sitzt man fest:
Die Märkte schwanken kolossal,

Der Wirtschaft viel zu volatil
Und unberechenbar dazu:
Denn zu viel steht hier auf dem Spiel,
Als daß sie investieren tu',

Zum Nutzen nur für Leute, die
Dem Spekulieren zugeneigt. —
Ob's endet in der Havarie,
Sich erst in ferner Zukunft zeigt. —

Ein Außenposten plötzlich schreit:
„Die Schotten machen sich grad' los!
Sie rudern, Irland im Geleit,
Aufs Festland zu auf einem Floß!

Setzt aus die Rettungsboote! Schnell!
Kriegt schnell die Rettung in den Griff,
Daß ja das Floß nicht noch zerschell'
An irgendeinem Felsenriff!"

Des einst so stolzen Schiffes Rumpf
Treibt, auf sich selbst gestellt, dahin.
Die Fahne hängt am Mastenstumpf,
Dem neuen Thron der Königin.

Doch dieses Bild nur einer malt,
Der Englands Würde nicht geseh'n:
Denn die wie Englands Krone strahlt.
Nein: England wird nie untergeh'n.

Worst case

Sie eröffneten den Reigen,
Aus Europa auszusteigen.

Ich wie Emil

Gut sechzig Jahre stark und froh
Elisabeth macht' weiter so,
Wie sie's gelernt hat seinerzeit,
Und damit brachte sie es weit.

Nun steht die Fünfundsechzig an.
Und wieder steht sie ihren Mann
Im Sturm des British Commonwealth.
Ergebendst wünsche ich ihr health.

Aufbruch

1. Laßt uns zu den Schotten ziehen,
   Denn sie koppeln sich bald ab!
   Banken, Firmen, Kompaniën,
   Höchste Zeit, sonst wird es knapp!

Zweitausendsiebzehn
Woll'n sie verha-andeln.
Was das noch gibt, seh'n
Wir irgendwann.

Woll'n sich mit andern
Märkten verba-andeln,
Und abzuwandern
Bietet sich an.

2. Schottland macht sich unabhängig
Und tritt ein in die EU.
England wird als unzulänglich
Eingestuft nach deren Coup.

Denn nach dem Brexit
Steh'n wir allei-ine
Ganz tief im Dreck, sit-
Zen wir noch hier.

Machen wir rüber,
Ziehen wir Lei-ine,
Dann kann uns über-
Haupt nichts passier'n.

3. Wollen wir den Markt erhalten,
Ist es besser, jetzt zu geh'n,
Anstatt völlig umzuschalten
Ohne tragende Ideen.

Schottland wird reicher:
Wir landen a-alle
So sehr viel weicher,
Sind wir dabei.

England wird's reuen
In jedem Fa-alle.
Drum auf zu neuen
Ufern! Juchhei!

Lose-lose situation[3]

Manch ein Oberhaupt im Staat
Zwischen allen Stühlen
Sitzend, weiß sich keinen Rat,
Muß jedoch 'nen kühlen
Kopf bewahren bei der Wahl
Einer der Optionen,
Die es gibt, wobei egal
Ist, ob er nun Drohnen
Einsetzt überm Kriegsgebiet,
Eingreift mit Soldaten
Oder sich des Kriegs entzieht
Und mit Diplomaten
Lösen möchte den Konflikt,
Ohne loszuschlagen.

Beides führt zu dem Verdikt:
Es war sein Versagen.

Gegenmodell[3]

Eine von Testosteron
Gesteuerte, plumpe Person
　Wird, wenn's drauf ankommt,
　　　　　　　　　　mitnichten
Drauf kommen, Konflikte zu schlichten.

Was noch?[3]

Was hat Donald Trump noch auf Lager
An Sprüchen und listigen Finten?
Sein „Alle war'n vor mir Versager!":
Reicht das gegen Hillary Clinton?

Vom Fernseh'n schon derart verbogen,
Glaubt er, man muß bloß wiederholen,
Was immer, und sei es gelogen,
An unsäglich schlichten Parolen,

Daß Wähler, wie Zuschauer zappend,
Beim Marktschreier, ihm also, landen,
Die Leitung zur Hirnnutzung kappend,
Als seien sie Spielshowprobanden.

Mal abwarten, ob er als Sieger
Hervorgeht am Ende der Wahlen,
Der lautstarke Wahrheitsverbieger ...
Das müßten wir teuer bezahlen!

Viel Glück ...

Er bezieht sein Domizil
In barock'nem Fürstenstil.

Ohne Etikettenzwang
Lädt er ein zum Staatsempfang,

Denn, vom Kniefall abgeseh'n,
Gibt er allen zu versteh'n,

Daß er nichts von Sitten hält,
Kanzelt ab, was ihm mißfällt,

Urteilt aus dem Bauch heraus,
Und er macht sich gar nichts draus,

Was des Urteils Wirkung ist,
Denn er ist und bleibt Narzisst.

Wer ihn liebt, den liebt auch er,
Wer ihm huldigt, den noch mehr.

Fremd ist ihm das Wort ‚Respekt'.
Wenn man ihm die Schuhe leckt,

Kann man hoffen, daß er sich
Seiner annimmt gnädiglich.

Doch er handelt impulsiv,
Und die Angst, daß das mal schief-

Gehen könnte, geht schon um.
Die nutzt er als Mittel zum

Zweck zu seinem Vorteil aus
Mittels Sicherheitsabbaus.

Panik ist sein größter Trumpf,
Denn sie macht den Säbel stumpf

Seiner Gegner, die mit sich
Sind beschäftigt innerlich.

Und bei allem Firlefanz
Weiß er um die Relevanz

Seines Machtimperiums,
Freut sich über jeden Rums,

Den er auslöst, weiß, daß man
Ihm nicht an den Karren kann

Fahren, ohne sich dabei
Selbst zu schaden zweifelsfrei.

Alle Welt schielt nur auf ihn,
Niemand kann sich ihm entzieh'n.

Nach vier Jahren hat mit Glück
Er uns nur im Blick zurück

Einen Schrecken eingejagt,
Hat zwar das System versagt,

Weil es ihn hervorgebracht,
Ausgestattet mit der Macht,

Sich gezeigt hat, wenn's drum geht,
Check and balance[4] obsolet,

Weil leicht auszuhebeln, sind.

Mit viel Glück wird sich der Wind

Aber drehen nach der Zeit
Dieser Machtversessenheit,

Demokratisch außerdem
Wieder greifen das System,

Das auf die Verfassung baut,
Der man dann doch wieder traut.

Und so stimmen wir mit ein:
Mit viel Glück wird es so sein.

Trogschluß

Nichts, sagt man, werde so heiß
    Gegessen wie gekocht.
Stimmt nicht, soviel ich noch weiß ...
    Schon mal hat man's vermocht —

Gierig und wetteifernd auch
    Um einen Trog bemüht,
Hörend nur auf seinen Bauch —
    Und sich das Maul verbrüht.

Mmm!

Yummie, yummie, lecker, schleck!
Manche fressen jeden Dreck.
Allesfresser sind sie halt ... —
Heute bleibt die Küche kalt!

Am Zuge

<u>Intro</u>: (*entlang dritter und vierter Zeile*)

1. Vorurteile mußt du stärken,
   Daß die Fronten sich verhärten:
   Nur so wirst du Führer sein,
   Wirkst du auf die Köpf ein.

   Schrulla-schrulla-schrulla-la,
   Schrulla-schrulla-schrulla-la,

   Nur so wirst du Führer sein,
   Wirkst du auf die Köpfe ein.

2. Keinesfalls mußt du dran glauben,
   Menschen nur des Hirns berauben.
   Schüre Angst, dann wirst du seh'n,
   Wie sie in die Falle geh'n!

   Schrulla-schrulla-schrulla-la,
   Schrulla-schrulla-schrulla-la,

   Schüre Angst, dann wirst du seh'n,
   Wie sie in die Falle geh'n!

<u>Break</u>: (*entlang den ersten vier Zeilen*)

   Schrulla-schrulla-schrulla-la,
   Schrulla-schrulla-schrulla-la,

   Dann trittst du als Retter auf:
   Das haut hin, verlaß dich drauf!

<u>Extro</u>: (*wie <u>Intro</u>*)

Schutzkampagne

‚Schutz' ist nur scheinbar ein harmloses Wort;
Zölle: die sollen es richten,
Einhalt gebieten dem Massenimport.
Gleichzeitig soll'n sich verpflichten

Firmen, die ehedem abtrünnig war'n
Und sich ins Ausland verzogen,
Ihre Gewinne im Inland einfahr'n,
Um die sie's zu lang betrogen.

Und er verspricht ihnen hinwiederum,
Kräftig die Steuern zu senken,
Auf daß die Volkswirtschaft daraufhin brumm',
Ohne dabei zu bedenken,

Daß die Verflochtenheit wird ruiniert,
Die ja, im weltweiten Handel
Herrschend, den Frieden schon fast garantiert
Durch der Gewichtungen Wandel,

Nicht mehr geleitet von Ideologīen,
Sondern vom Wohlstand für alle,
Wissend, Verteilung ist dem vorzuzieh'n,
Daß es sich einseitig balle.

Abschottung predigt und führt er herbei,
Kündigt Vertragswerke auf.
Und er beschwört durch die Abschotterei
Bullenwettkämpfe herauf,

Die überwunden war'n, wirft über Bord,
Was man mit Weitblick erschuf.
Siehe da, ‚Schutz' ist kein harmloses Wort,
Sondern ein Kampfbullenruf.

Neue Außenpolitik

Unberechenbar für jeden
Führt Geschäfte er, hält Reden,

Twittert nachts Beleidigungen,
Stellt abstruse Forderungen,

Wähnt sich als der große Macher
Und ergeht sich in Geschacher,

Um das meiste rauszuholen —
Denn er läßt sich nicht verkohlen! —,

Bricht, als ob's an ihnen läge,
Einzeln laufende Verträge —

Von der Wirkung der Verzahnung
Hat er wirklich keine Ahnung! —,

Tut, als hätt' er beim Regieren
Außer Macht nichts zu verlieren.

Und wie ausgewies'ne Flaschen
Lassen wir uns überraschen.

Und hier?

Aug' in Aug' auf gleicher Höh': wer
Torpediert hier das Manöver?!

Bestandsaufnahme

Das China von heute
Erstrebt fette Beute;
Es wächst das Osmanische Reich;

Die russische Führung
Marschiert ohne Rührung
Hinein, wo's ihr paßt. Und zugleich

Fall'n in sich zusammen
Und geh'n auf in Flammen
Afghanistan, Syrien, Irak;

Durch einzelne faux pas
Zerlegt sich Europa ... —
Die Unke in uns macht nur „Quak".

Letzte Warnung

Bist wohl nicht gescheit?!
Mach dich nicht so breit!

Expandiere nicht,
Bis ein Feind in Sicht

Ist, der keiner war,
Bis dich offenbar

Die Giganterie
Hat befallen, die

Keinen Abstand kennt!
Schluß jetzt, eh' es brennt!

Ausgangsfrage

Wenn mal wieder irgendeiner
Vor den Bug uns einen knallt,
Rechnet der dann nicht mit ein: er-
Widert, endet's in Gewalt?

Bruchrechnung

Ein Einsatz kommt selten allein.

Das Brett, das du nutzest zum Sprung,
Gibt nachhaltig nachfedernd Schwung.

Beim dritten Sprung, ‚Dreisatz' genannt, —
Das hat auch dein Gegner erkannt —

Bricht umgekehrt proportional
Auch jetzt über dich ein Fanal,

Um ihn zu vergelten, herein.

Achte drauf!

Achte drauf, wenn du Befehle erteilst,
Daß du vorab an der Deutlichkeit feilst!

Hebt ein Rekrut vor dir plötzlich sein Bein
Auf den Befehl hin, dann könnte es sein,

Umso mehr, wenn er sich vor dir zudem
Nackt in die Hocke setzt mitten im Lehm,

Daß es ihm durchaus gehorsam erscheint.
Hast du mit ‚Losung' ‚Parole' gemeint?

Nach dem Einsatz ist vor dem Einsatz

Jüngst kam er aus Afghanistan,
Und was er dort erleben mußte,
Das warf ihn gänzlich aus der Bahn,
Daß er, bei Gott, nicht weiter wußte.
Denn nächtens ward er heimgesucht
Von grauenvollen Schreckensbildern.

Doch früher schon war's wie verflucht:
Noch niemals mochte einer schildern,
Wenn er's denn hätte auch gekonnt,
Was sich im Feld hat zugetragen,
In der Etappe, an der Front.
Doch heute darf man's offen sagen.

Und nein: er fühlt sich nicht als Held,
Verlieh man ihm auch einen Orden
Für den Verdienst ums Land im Feld:
Zu oft ist es ihm schlecht geworden.

Der nächste Einsatz steht schon an.
Er wird sich alle Mühe geben
Und stark sein, stehen seinen Mann
Und, so Gott will, ihn überleben.
Denn ein Soldat, so sagt er sich,
Darf niemals eine Schwäche zeigen,
Und wird's auch noch so fürchterlich:
Das macht er sich ab jetzt zueigen.

Doch wieder wird er so gequält
Von Bildern, Szenen, Phantasiën.
Er wähnte sich doch gut gestählt, ...
Und doch sind sie in ihm gediehen.
Da fängt es an, ihm aufzugeh'n:
Er ist nicht mehr, der er gewesen.
Man mag es wenden, mag es dreh'n:
Vom Krieg wird niemand je genesen.

Wahlversprechen

Seien die Menschen und Völker der Welt
    Auch noch so verschieden,
Würden sie je vor die Wahl mal gestellt:
    Sie wählten den Frieden!

Respice finem

Undankbar ist es, ist man Veteran
Eines verlorenen Krieges zumal.
Denn nach Verlierern
    kräht niemals ein Hahn.
Umso mehr ist es doch phänomenal,
Wenn einer Tritt faßt
    trotz all seiner Scham,
Ist er sogar noch verwundet, und er
Nicht mal verzweifelt
    am täglichen Kram
Oder der Feindseligkeit um ihn her!

System

Brauche nach der Akte hier
Unterlagen, wie sie
Vorgeschrieben sind für Ihr
Alter. Haben Sie die

Röntgen-Bilder denn dabei?
War'n Sie in der Röhre?
Ach, Sie sind beschwerdefrei,
Und das Röntgen störe

Sie, da Sie, solange Sie
Keine Schmerzen haben,
Nicht dran denken wollen, wie
Laut Pauschalvorgaben

Es doch wäre Ihre Pflicht —
Grad' in Ihrem Alter?!
Doch es int'ressiert Sie nicht,
Was für'n — wörtlich! — kalter,

Inhumaner Pflichtvertrag,
Welchen abzuschließen
Nie in Ihrer Absicht lag,
In den Wind zu schießen

Ihnen sehr viel lieber wär',
Für Sie vorgesehen
Ist? Ii Pfui, wie elitär!

Ja, was unterstehen

Sie sich eigentlich, Sie Wurm?!

Hiermit ich verkünde —
Wer den Wind sät, erntet Sturm! —,
Angesichts der Gründe,

Die Sie mir so reichlich just
An die Hand gegeben,
Ihren Krankenschutzverlust.
Noch ein gutes Leben!

Happy end

Vor allem war dieser Besuch 'ne Befreiung
Vom Leben mit ärztlicher Todprophezeiung.

Volkssport

Beuge stets und allem vor,
Sicher dich auch reichlich ab!
Nutzen tut's zwar nichts, du Tor,
Dafür hält es dich auf Trab.

Unkenweisheit II

Kannst durch Untersuchungsreihen
Dich vor Seuchen auch nicht feien!

Alle Jahre wieder

Alle Jahre wieder hallt das Wehgejammer
Aus der Krankenkassengeldnotechokammer.

Kassenschlager

<u>Intro</u>: (*entlang der letzten zwei Zeilen*)

1. Hört ihr die Klagen der Kassen:
   Schulden sei'n schu-uld daran,
   Beiträge a-anzupassen,
   Weil man nichts fi-inden kann,

   Das man noch einsparen könnte an Geld,
   Und doch an Kosten viel Neues anfällt.

   Will man 's System so belassen,
   Steigen die Beiträge an.

<u>Zwischenspiel</u>: (*wie Intro*)

2. Fragt ihr euch manchmal im stillen,
   Ob das der Wahrheit entspricht?
   Fehlt es nicht vielmehr am Willen?
   Woll'n die nun spar'n oder nicht?!

   Sie residieren in Villen so fein:
   Könnten's nicht Kleinimmobiliën sein?

   Erstmal verkauft eure Villen,
   Dann legt das Geld an auf Sicht!

<u>Break</u>: (*entlang ganzer Strophe*)

3. Immer schon haben die Klagen
   Hierzuland' Ko-onjuktur,

> Jammern aus a-allen Lagen,
> Sparen als Makulatur.

Doch sich zu trennen von Villen, macht Sinn!
Wegen des Images bleiben sie drin:

> Wirtschaftlich heißt das versagen,
> Krank sein als Kasse und stur.

Extro: (*wie Intro*)

Mein Beitrag

Damit meinen Beitrag zum Sparkurs ich leiste,
Verdränge ich, krank zu sein, leugne das meiste.

Post transplantationem

> … Posttraumatisch noch gestört
> Nach meiner Operation:
> 'S ist nicht mehr, wo's hingehört,
> Wegen der Transplantation,
> Das Organ, das mir jetzt fehlt,
> Mitten im Brustkasten drin.
> 'S ist statt meiner nun beseelt
> Jemand, der auch(!) sagt: Ich bin …

Naseweisheit I

Der Nase nach wenn's immer ginge,
Dann liefen endlich alle Dinge.

Naseweisheit II

Läuft der Inhalt deiner Nase,
Die ja schon seit Tagen voll
Du doch hast, tritt ein die Phase,
Da das Fieber kommen soll,

Laß es laufen oder tropfen!
Hilft ja nichts — das ist der Clou —,
Außer Pfropfen reinzustopfen,
Und dann implodierest du.

Frauenbewegung

Als es in der Seite stach
Und sie fast zusammenbrach,
Fing ein Jüngling sie rasch auf:
Dies ihr Traum beim Dauerlauf.

Und beim Walken setzte sie
Ihre Stöcke rhythmisch ein,
Lief, leicht federnd nach im Knie,
Wie auf Eiern hinterdrein.

Manchmal zwickte ihr der Bauch,
Daß sie träumte vom Abort —
Einem Baum, 'nem dichten Strauch … —
Dann verwünschte sie den Sport.

Watschelnd vor sich hin all so,
Flogen ihr Gespinste zu.

Gänsehautbespickt und froh,
Hob sie ab gen Xanadu.

Trotz allem

Trotz der vielen Vitamine,
Die sie täglich aß
Z'sammen mit Ovomaltine
Im empfohl'nen Maß,

Und obwohl sie sich bewegte,
Täglich ihren Sport
Auszuüben sie doch pflegte,
Joggend durch den Ort,

Und dem Rauchen stets entsagend,
Auch dem Alkohol,
Wenn's auch schwer fiel, nie beklagend
Den Verlust, wiewohl

Ihr das Naschen war verboten
Wegen des Gewichts,
Selbst von Marmeladenbroten,
Trotzdem — angesichts

Aller dieser Selbstbeschränkung,
Der sie sich ergab,
Ist es wahrlich eine Kränkung —
Fuhr sie doch ins Grab.

Altersmilde

Sag, zeuget die clementia
Im Alter von dementia?

Körpersprache

Morgens, wenn der Tag anbricht,
Werd' ich wach, weil es wo sticht,

Zieht woanders, krampft und zwickt,
Was erst neulich ward geflickt.

Dieserart mein Körper spricht:
„Tot bist du noch lange nicht."

Hörst du?

„Hörst du die Hufe: sie klappern ganz leis'?
Naht da nicht langsam das schneeweiße Roß,
Auf seinem Rücken den hageren Greis?"
War'n seine Worte, mit denen er schloß.

Memento mori

'S Leben ist ein Jammertal,
Das wir nur durchschreiten,
Um am Ende dazumal
In den Tod zu reiten.

Ritual[3]

„Schwingt ihr schon wieder das
                Glöckchen der Toten?"

Fragte er kopfschüttelnd, blieb aber da.
„Was ist es diesmal, das mir wird geboten?"
Dankbar erzählten sie, was just geschah.

Einer ergänzte des anderen Beitrag,
Nickte dem andern in Beipflichtung zu:
Offenbar hatten sie alle am Freitag
Jeder für sich aus der Sendung ‚Und nu …?'

Einem der Gäste und jeder dem seinen
Mehr als den anderen Glauben geschenkt,
Mischten es itzo mit dem, was zu meinen
Sie sich — im Vorfeld dorthin schon gelenkt —

Einmal für immer zurechtgelegt hatten,
Käuten es wieder, um Einklang bemüht.
Jeder sprang über den eigenen Schatten
Nur ein klein wenig, daß einer verfrüht

Einigkeit untereinander schon ausrief,
Auf die es kurz danach ja sowieso
Unbedingt von vornherein eh hinauslief,
Daß ohne Zweifel der Untergang droh'.

Auf seine Kosten gekommen wie immer,
Sprach — vorbehalten nur ihm — er zuletzt:
„Wartet nur ab, denn es
              kommt noch viel schlimmer!",
Dankte und ging, wie in Schwingung versetzt.

Vorreuestand

Nur kurz war sie betroffen,
Als sie mal sturzbesoffen

Zwar erst nur böse schwankte,
Weil sie halt zu viel tankte,

Doch dann ist schwer gestürzet.
Das Reuigsein verkürzet,

Daß sie so gern versinket
Im Rausch und daher trinket

Zu viel und immer wieder,
Bis es sie strecket nieder.

Drum schenk ihr endlich ein jetzt,
Bevor die Reue einsetzt!

In vino solutio

‚Warum wird denn keiner mehr Priester?'
Fragt er sich verwundert. Dann gießt er

Sich nach und denkt an all die Frauen,
Auf die er sich voller Vertrauen

So einließ im Laufe der Zeiten.
Statt ihn darauf vorzubereiten,

Erfand man die Lügengeschichten,
Auf die er beileibe verzichten

Hätt' können — im Rückblick zumindest.

Statt: „Paß auf, an wen du dich bindest,
Und sei es auch nur für 'ne Weile,
Weil du sie für unfaßbar geile

Und willige Traumfrau'n wirst halten!",
Erzählten sie nur diesen alten

Und längst überholten Romantik-
Kitsch voll mit verklärter Semantik,

Die nie einer Syntax entsprechen
Kann, ohne zusammenzubrechen.

Er weiß, hätte man ihn stattdessen
Gewarnt und ihm mal die Malessen,

Die wirklich mit Sicherheit kommen,
Beschrieben: er wäre zum frommen

Und zölibatären, ja: keuschen —
Da kann er sich,
    weiß Gott, nicht täuschen! —,

Enthaltsamen Priester geworden.
Und nicht nur er selber: in Horden

Gäb's Nachwuchs! Und —
    schwuppdiwupp! — wäre
Dann Schluß mit der Priestermisère!

(Die Lösung, so schnell sie gefunden,
Ist ebenso schnell ihm entschwunden.)

Empfehlung

Um alles zu fliehen
Für einen Moment,
Um sich zu entziehen,
Wenn's drum herum brennt,

Da ist Musizieren
Von dem, was man kennt,
Das bestfunktionieren-
De Medikament.

Zeichen

Im Zeichen des Wassermann lösen
Sich Institutionen zuhauf
Im guten sowie auch im bösen,
Wo immer man hinschauet, auf.

Die Kirchen, Europa, Parteien,
Vereine, Familien: all die
Sind mürbe und brüchig, als seien
Sie Jünger der Astrologie.

Selbst Uranus sieht die Erscheinung
Mit Skepsis und Ungläubigkeit
Und neigt zu der Deutung, der Meinung,
Sie sei nur ein Zeichen der Zeit.

Das Mahnmal

„Bauchfreiheit für alle Frau,
So, daß Schwarten quellen,
Für die Fettbauchschwartenschau
Über Hüften schwellen,

Die in Plastik eingezwängt,
Das so knapp sie einfaßt,
So daß alles drüberhängt,
Was nicht mehr hineinpaßt:

Wird nicht nur emanzipiert,
Forsch und stolz vertreten,
Sondern täglich praktiziert",
Klagten die Ästheten.

„Schon vom Hinschau'n sind wir satt,
Förmlich überfüttert."
Jetzt, da sie's gerissen hat,
Ist die Welt erschüttert.

Denn als Folge konnten die
Einfach nichts mehr essen.
Alle Hungers starben sie ...
Um nicht zu vergessen,

Ist ein Monument geplant
Aus gehäuften Scherben,
Das in Schönheit uns gemahnt
Ans Ästhetensterben.

Geteilte Vorfreude

Du, ich kann es fast nicht glauben:
Es gibt bald schon Badehauben,
Um das Haar im Naß zu schützen,
Endlich wieder Bademützen!

Gummi, dehnbar, eng anliegend,
Sich zunächst am Kopf anschmiegend,
Bis man abtaucht in die Wogen:
Dann hat er sich festgesogen.
Statt der Luft ist nunmehr Wasser
In den Haar'n, die immer nasser
Werden, daß es drunter schmatzet
Und die Trägerin sich kratzet,
Weil es gar zu heftig jucket
Und die Kopfhaut drunter zucket.

Spürst du noch die Gummilappen,
Wie sie an den Ohren pappen,
Der Fontäne Schwall rausschwappen
Just, da du sie hochzuklappen
Warst gezwungen, um zu hören,
Weil sie dich beim Hören stören?

Siehst du noch die nie gekannten
Hübschen Blumenvarianten
Oder auch die Gumminoppen,
Die, weiß Gott, nicht sind zu toppen

Im Design? War'n das noch Zeiten
Für Designer-Scheußlichkeiten!
Kannst du's riechen, gar noch schmecken,
Wie's in Schwaden überm Becken
Hing — die Mischung war der Hammer!
Chlor, Urin mit Gummi: jammer-
Schade, daß wir den Genüssen
Haben je entsagen müssen!

Freust du dich nicht auch ganz dolle
Drauf? Ich freue mich wie Bolle!

Erstaunlich

Was so alles einer treibt,
Weil ihm sonst nichts übrig bleibt!

Der eine treibt Walking,
Der andere Stalking.

Aufgedeckt

Der Rauchmelder hängt an der Decke
Des Schlafgemachs, scharf gemacht nur
Zur Sicherheit, daß er dich wecke,
Wenn's brenzlig wird, rund um die Uhr.

Das ist offiziell die Geschichte ...
Doch was man sich von ihm versprach,
War, daß wer wie du *ja* verzichte
Auf die Zigarette danach.

Die Wendung

‚Habe so viel Schrott im Kopf!'
Dachte sich der arme Tropf.
Doch dann kam Recycling auf ...
Jetzt macht er in Schrottverkauf.

Tonnenlogistik

Ich kann mich vor Tonnen kaum retten,
Ob schwarz, ob braun, gelb oder blau!
Bald gibt es — was wollen wir wetten? —
Bei mir einen Mülltonnenstau.

Dornröschenfrage

Weil man sich mit Müll auskennt,
Wird er säuberlich getrennt,
Ehe man ihn doch verbrennt.
Oder hab' ich was verpennt?!

Die heutigen Kids

Die heutigen Kids funktionieren:
Sind ständig am Telephonieren,
Am Simsen, im Chat mit den Ihren,
Bereit, sich neu auszuprobieren,
Nicht ohne vorab zu sondieren
Die Lage und vorzusortieren,
An Likes sich zu orientieren,
Den Freundeskreis zu definieren.

Doch wenn sie sich dort präsentieren,
Privates, Intimes notieren,
Ganz ohne ihr Ich zu kaschieren,
Sich freizügig gar produzieren,
Dann kann man sie ausspionieren,
Sie später damit konfrontieren,
Womöglich, um sie zu brüskieren.

Sie ahnen nicht, was sie riskieren,
Indem sie so sorglos flanieren
Im Netz und so quasi forcieren,
Daß andere sie kontrollieren,
Wenn's Firmen sind: manipulieren,
Da sie ihre Daten studieren,
Um Vorlieben zu extrahieren,
Damit die Geschäfte florieren:
Wenn Kids etwa Apps aktivieren,
Die Usern durchaus imponieren,
Sie jedenfalls stark faszinieren,
Sie rund um die Uhr informieren,
Verfügbar sind ohne Taktieren
Und lästiges Argumentieren,
Was durchaus beim Kommunizieren
Im Nichtvirtuellen passieren
Kann, weil dort im Interagieren
Int'ressen zumeist kollidieren,
Die online zwar auch existieren,

Doch anders sich manifestieren
Und einseitig intervenieren,
Behelligen, dauernd traktieren
Die User, die sich damit zieren.

All das kann die Kids nicht tangieren.
Ob sie es halt nur nicht kapieren,
Ob schlicht aus Protest ignorieren,
Aus Herdentrieb durchexerzieren:
Sie werden — im Clinch von Vampiren —
Den Kampf um die Daten verlieren.

Zukunftsvision I

Das Selbständigfahr'n wird verboten,
Und dann heißt es: „Weg mit den Pfoten
Vom Steuer!" Man wird zum devoten
Bediener des Autopiloten.

Zukunftsvision II

Grad' Fußgänger stören im Straßenverkehr
Empfindlich die Warnungssensoren,
Denn kommt so ein Fußgänger plötzlich daher,
Dann blinkt's: ‚Der hat da nichts verloren!'

Systemalgorithmen berechnen dann fix
Zwecks Autoverkehrsoptimierung —
Nicht eingestellt auf 'nen Verkehrsmittelmix,
Schon gar nicht auf Desorientierung

Des einzelnen außerhalb seines Systems —,
Was besser ist: Bremsen und Halten,
Verursachen eines Verkehrsflußproblems,
Statt einfach auf stur umzuschalten,

Den Störenfried anzufahr'n, ihn aus dem Weg
Zu räumen, um sicherzustellen,
Daß nichts dem System stiehlt sein Fahrprivileg
Durch Scheißanalogbagatellen.

Innovation

Das Selberlaufen ist passé,
So ungesteuert, analog!
Ja, daß ein jeder jotwede
So einfach durch die Lande zog:

Das war einmal, das ist vorbei.
Drum hab' ich mir was ausgedacht,
Was das beheben kann, und ei-
Nen Beinschrittmacher rausgebracht.

Kreationistengeschwätz

Der Klimawandel ist 'ne Mär,
Die Lehre Darwins eine Schmach,
Ein auf die Nas' gebund'ner Bär:
So schwätzen sie's einander nach.

Sehers Rückschau

Nach einer derei-inst intakten
Beziehung der Länder zu streben,
Ist vielen zu mühsam; sie lauschen
Den ‚alternati-iven Fakten'
Von Leuten, die Antworten geben
Auf Zeug, das zuvor aufzubauschen

Ihr Anliegen wa-ar, weil diese
Ja nichts von der Sache verstehen
Als Laien und als Dilettanten,
Und ablenken vo-on der Krise,
Die sie erst herbeiführ'n. Wir sehen:
Die Zeit war reif für Ignoranten.

Was tun?

Angesichts all der komplexen Verflechtung:
Was kann der einzelne tun? Wozu gut
Ist noch der eigenen Ziele Verfechtung
Bei all der Homepage- und Newsletter-Flut?

Hat einer trotzdem zum Zweck der Reklame
Alles verfügbar gemacht und vernetzt,
Lädt er nur ein zur gezielten Entnahme
All seiner Daten. Denn das ist zuletzt

Einzig das Ziel und die Absicht des ganzen:
Jeden, der dieser Verlockung erliegt,

Durch die Geräte an sich zu verwanzen
Und daß ein Dritter Privatdaten kriegt.

Hält man sich raus aus dem online-Getriebe,
Zeigt also keinerlei Eigenpräsenz,
Gilt man als abgehängt. Bei aller Liebe:
Das ist der Ausbund an Impertinenz!

Unverschämt aufdringlich wie die Sektierer
Leichtgläubig, abhängig, einzig erwählt,
Stempeln sie andere ab als Verlierer.
Was also tun? Und was ist es, was zählt,

Wenn schon nicht Selbstschutz und
                              Eigentumsrechte?
Was bleibt denn übrig, wenn all das nicht gilt,
Was ich mit Vehemenz immer verfechte?
Das aufzugeben, bin ich nicht gewillt!

Nur auf sich selber kann man sich verlassen,
Und nur das Eigene ist doch von Wert!
Nicht als Person sich verlier'n in den Massen:
Was, bitte, ist denn daran so verkehrt?! —

Ratlos, verzweifelt, ein wenig verbittert
Setzt sie den Post ab und wartet seitdem.
Niemand hat je eine Antwort getwittert.
Immerhin bleibt es ihr eig'nes Problem!

Unklar ist allerdings, aus welchem Grunde,
Ob aus Respekt oder nur Ignoranz.

Tatsache ist: bis zu dieser Sekunde
Hat sie im Worldwide Web null Resonanz.

Der Satellit

Die Erde umkreist er,
Empfängt, um zu funken,
Wie's irgendein Meister
Ihm eingab. Nie trunken,

Nein, nüchtern erfaßt er —
Für ihn ist es wahllos —
Und füllt es in Raster
Von and'ren, die zahllos

Die Sammlung verwenden.
Von außen gesteuert,
Um rauschfrei zu senden,
Womit er befeuert

Ward, zieht er die Kreise,
Bis and're beschließen,
Ihn sinnigerweise
Zu Allschrott zu schießen.

Lokalisiert

Sammelt man Daten ganz ohne Struktur,
Kommt's zu Verstopfung an Rhein und an Ruhr!

Gefahr im Verzug

Die Ermittlung ist gefährdet,
So wie mancher sich gebärdet

In dem laufenden Verfahren:
Oft — laut Medienkommentaren —

Ist sie in Verzug geraten
Durch gehäufte Eingangsdaten

Von Verbrecherkandidaten
In der Bank des Bürokraten,

Der sie speichert' unbesehen,
Ohne sie mal durchzugehen,

Und sie einfach nicht hat weiter- —
Wenigstens zum Einsatzleiter! —

In der Sammelwut -gegeben,
Denn bei ihm blieb alles kleben.

Der ist schuld. Ab jetzt wird's besser,
Denn sie liefern ihn ans Messer.

Gar vieles

Gar vieles kann man messen,
Legt unter ein Modell,
Berechnet anhand dessen
Komplexes wirklich schnell.
Doch darf man nicht vergessen:
Das Leben bleibt reëll.

Ein Beben

Zwei Kontinente in Platten —
Übereinandergeschoben,
Wie sie sich vorher schon hatten,
Daß sich Gebirge erhoben

Einst als der Erdkruste Falten —
Schoben nicht diesmal: sie zogen
Weg voneinander, und Spalten
Taten sich auf. Seismologen

Fanden das spannend. Als selten
Galt ein Ereignis wie dieses,
Welches die, fest die es stellten,
In ihre Schranken wohl wies. — Es

Ging um Verletzte, um Tote
Und um vermißte Personen,
Täglich in steigender Quote.
Bergdörfer dort zu bewohnen,

Heiße ein Risiko tragen,
Hieß es. Die Medien befaßten
Sich auch mit Hintergrundfragen:
Welches Ressort sollt' die Lasten

Stemmen? Und: Wer hat geschludert
Mit dem Geld für die Sanierung,
Womit die waren gepudert
Worden, die von der Regierung?

Gelder wär'n reichlich geflossen,
An diesen Zweck doch gebunden,
Von der EU zugeschossen,
Und sei'n dann einfach verschwunden.

Nichts tragen solche Gedanken
Bei, wenn die Menschen dort trauern;
Worum die meinen sich ranken,
Auch nicht — bei allem Erschauern.

Doch die Naturkräfte flößen
Heidenrespekt mir ein, da sie
Unsere Schwachheit entblößen,
Unser Zerbrechlichsein quasi.

Was kann die Forschung uns bringen,
All unser Sicherheitsstreben,
Kommt uns're Erde ins Schwingen?
Ein Beben reicht, und das Leben

Kann einem einfach entrissen
Werden, ob Menschen, ob Tieren …
Hilft keinem, darum zu wissen!
Vielmehr hilft still Kondolieren.

Wie wäre es?

Wie wäre es, wenn wir es hier simulierten,
Als ob wir vom All aus geseh'n reflektierten,
Wie klein wir sind, und unsern Hals nicht riskierten?

Am Tresen

„Du, ich hab' mal eine Frage:
Stimmt es, daß sich dieser Tage

Achtzig Neonazis fanden,
Die vorm Flüchtlingsheim rumstanden

Und sich gegen Asylanten,
Die in Unterzahl war'n, wandten,

Um sie anzupöbeln; und daß,
Wie man sonst liest von den Huntas,

Sie sie durch die Straßen jagten
Und dann zu behaupten wagten,

Daß man sie hätt' provozieret?
Bin ich richtig informieret?" —

„Ja, so war's." — „Und stimmt's, daß jene
Aus der ultrarechten Szene

Sich per Facebook rekrutierten
Und die Polizei düpierten,

Der es fehlte an Beamten,
Um — so schnell auch! — den gesamten

Szenechat zu überwachen?
Kann man da nichts gegen machen?

Und die Jugendarbeit kranke,
Heißt es auch, und das verdanke

Man der Gelder Streichung, heißt es.
Stimmt das? Dachte mir, du weißt es." —

„Ja, ich hab' da was gelesen.
Glaube, so ist es gewesen." —

„Wie, du ‚glaubst' ...?" — „Naja, ich meine,
Daß ich über das raus keine

Infos hab." — „Ach so ..." — „Ja, wie denn?" —
„Gut, dann lass' ich dich in Frieden." —

„Nein, das paßt schon. Frag ru͜ig weiter!
Ich bin auch nicht viel gescheiter,

Als es du bist. Und die Fragen,
Die du stellst, ich muß schon sagen:

Zeigen, du machst dir doch Sorgen
Um das alles, auch um morgen." —

„Wieso ‚morgen'?" — „Ach, ich mein bloß ... —
Noch ein Bier? Groß oder klein?" — „Groß." —

„Super! Laß uns einen heben!" —
„Du ...?" — „Hm?" — „Und das mit dem Beben

Letztens in Itali͜en: Grusel!" —
„Manche hatten ja noch Dusel:

Wurden nach so vielen Stunden
Unter Trümmern noch gefunden ..." —

„Und noch lebend! Und der Hund?!" — „Ja." —
„Ja, das war doch klasse ... Und, tja,

Dann die Toten, ..." — „Laß uns trinken,
Denn wir drohen abzusinken

In der Stimmung! Prost! Stoß an jetzt,
Ehe du noch alles dransetzt,

Uns're Stimmung zu verderben!" —
„Denkst du niemals übers Sterben

Nach? Was ist, wenn's uns mal träfe
So wie die?" — „Faß an die Schläfe

Dir mal! Mann! Du hast ja Fieber!
Jetzt, da reicht es bald, mein Lieber!

Wirst mir ja noch melancholisch!" —
„Bin ich das?" — „Bin ich katholisch?

Und der Papst?!" — „Ich hätt' halt eine
Frage noch, 'ne klitzekleine: ..."

Letzte Frage

„... Was ist, wenn die Erde bebt
Und nur einer überlebt?" —

Letzte Antwort

„Dann ist mit der Menschheit Schluß,
Oder unser Schöpfer muß

Nochmal — aus der Rippe sei's
Oder auch aus Lehm: wer weiß? —

Formen, kneten — je nach dem —
Eine Frau halt. Kein Problem!"

Fair trade

Es unkt sich so herrlich am Tresen
Zu zweit oder auch mal zu dritt.
Am billigsten unkt's sich auf Spesen,
Bei weitem am besten mit Sprit.

Dann jaget ein Thema das and're,
Und jedes scheint wichtig zu sein,
Und alles geht leicht von der Hand, re-
Flektiert eine Unke beim Wein.

Sie strebt ja nach keinem Ergebnis!
Sie lallt von der Zukunft so bös'
Und aalt sich im Unken-Erlebnis:
In ihm daselbst liegt ihr Erlös.

Der Wirt freilich wird es ihr danken,
Denn seiner ist pekuniär.
Und sieht er sie ausgangwärts wanken,
Dann weiß er: der Handel war fair.

Halunkenruf

Als ich ihm ganz unverwandt
Eine Schwierigkeit benannt,
Ruft mir der Halunke zu:
„Bist und bleibst 'ne Unke, du!"

Du Unke, du!

Chorus 1: Du Unke, du! Du Unke, du
Gibst keine Ruh', du Unke, du!

1. Sprichst bei allem negativ,
Siehst bei allem schwarz.
Hältst du dich dabei für wief,
Eingedenk des Parts,

   Den du dir hast zugeteilt,
Blasend in dein Horn,
Bis die Furcht uns all' ereilt?
Blick doch mal nach vorn!

Chorus 2: Du Unke, du! Du Unke, du
Rufst immerzu, du Unke, du!

2. Sieh doch mal, wie gut's uns geht,
Dir vor allen Dingen!
Schau auf das Gesamtpaket,
Schau auf das Gelingen!

   Laß die Schwierigkeiten weg!
Mach uns Mut statt Ängste!
Suhl dich nicht nur rum im Dreck!
Warnen hilft uns? Denkste!

Chorus 3: Du Unke, du! Du Unke, du!
Gib endlich Ruh', du Unke, du!

Nachwort

Unke I

Im Rückblick auf Vorhergesagtes
Ergeht sie sich in Selbstvorwürfen.
Sie kann's nicht ändern, doch beklagt es:
Sie hätte nicht so unken dürfen!

Unke II

War es denn richtig, die Menschen zu warnen
Und das Verhängnis für sie zu enttarnen?

War es von Einfluß, womöglich von Nutzen,
Sie hie und da auch mal runterzuputzen?

Oder verlief all ihr Unken im Sande?
Schwer hat's die Unke im eigenen Lande ...

Unke III

„Gut gemacht, ich muß mich loben,
Nicht, mich — wie die beiden oben,
Die ja fast schon Panik schoben! —

Selbstzerfleischend, Zweifel hegen,
Ob es richtig war: von wegen!
Unkenrufe sind ein Segen."

Krötencredo

Brauchst du früh im Jahr schon Stütze,
Wärme dich in meiner Pfütze!
Such dir eine Unterkunft
Bloß nicht in der Unkenzunft!

Ein Wort am Ende

Manche meinen ja: hüben
Fischen sie doch nur im Trüben.
Deshalb kommt's ihnen in Schüben:
Klarer sind Tümpel nur drüben.

Fußnoten

*[1] Wortschöpfung von Anneliese Rieger **25**

*[2] erstmals erschienen Januar 2017 in der Anthologie ‚Literabiles', Band 2 des FDA, LV Bayern **42**

*[3] erstmals vorgetragen Dezember 2016 auf der FDA-Weihnachtsfeier des LV Bayern **70, 71, 88**

*[4] Ausdruck ‚checks and balances', hier ganz bewußt im Singular, daher ohne Anführungszeichen eingesetzt **73**

Inhalt

Motto 5
Über dieses Buch 7
Über die Verfasserin 7

Vorwort 9
Ein Wort vorweg 9

Zum Titel 11
Unkengleichnis 11
Krise 12
Nachhilfestunde 14
Unentschlossen 15
Wenn's dumm läuft 16
Unkenweisheit I 16
Errungenschaft 16
Künstler, oh Künstler 16
Definition 16
Unfrei nach Schopenhauer 17
Filz und Honig 17
Erfolgsrezept 18
Musterhaft 19
Dekade der Dekadenz 19
Nur Mut! 19
Wenn auch im kleinsten 20
Unbeugsam 21
Prophylaxe 22

Künstlersosein 22
Contrapostartismus 23
Deutsche Sitte 24
Van der Linnen 24
Ärger 26
Nach der Lesung 26
Der arme Dichter 27
Ganz einfach 27
Wie kommt's? 27
Warum? 28
Die arme Poëtin 28
Altersweisheit 28
Unkentrugschluß 28
Tagtraum 29
Vorstellungsgespräch 30
Amtsmüde 31
Nur keine Bescheidenheit! I 31
Nur keine Bescheidenheit! II 32
Maßregel 33
Tauchgang 33
Immer im Jetlag 34
Streikaufruf 36
Ole I 37
Ole II 37
Ole III 38
Ole IV 38
Ole V 38

Ole VI	38
Ole VII	39
Ole VIII	39
Ole IX	39
Ole X	39
Abgeschrieben	40
Herz auf dem linken Fleck	41
Notwehr	41
Konzerne	42
Besser isses	42
Tja	42
Geschacher	44
Neobourgeoisismus	46
Praeprise	46
Aufmunterung	46
Geht doch!	46
Sparlampenstrategie	47
Krisenbewältigung	48
Auf Anfrage	49
In seiner Überheblichkeit	49
Ach, Mutter unser!	50
Rezept	51
Abkabelung	51
Wuthörer-Dampfwalzer	52
Rhetorische Fragen	53
Der knatschblaue Brief	53
Ausschalten und walten	54

Metamorphose	54
Testfragen	55
Volksbefragung	55
„Wir sind das Volk!"	56
Selbstbehauptung	57
Trittbretttreter	58
Gruß vom Fußabtreter	59
Twittergewitter	60
Alarm!	60
Obere Grenze	60
Geburtsfehler	61
Noch	61
Volksbegehren	62
Klexit	63
Elisabeth	64
Worst case	68
Ich wie Emil	68
Aufbruch	68
Lose-lose situation	70
Gegenmodell	71
Was noch?	71
Viel Glück ...	72
Trogschluß	74
Mmm!	74
Am Zuge	75
Schutzkampagne	76
Neue Außenpolitik	77

Und hier?	77
Bestandsaufnahme	78
Letzte Warnung	78
Ausgangsfrage	79
Bruchrechnung	79
Achte drauf!	79
Nach dem Einsatz ist vor dem Einsatz	80
Wahlversprechen	81
Respice finem	81
System	82
Happy end	83
Volkssport	83
Unkenweisheit II	83
Alle Jahre wieder	83
Kassenschlager	84
Mein Beitrag	85
Post transplantationem	85
Naseweisheit I	85
Naseweisheit II	86
Frauenbewegung	86
Trotz allem	87
Altersmilde	88
Körpersprache	88
Hörst du?	88
Memento mori	88
Ritual	88
Vorreuestand	90

In vino solutio 90
Empfehlung 92
Zeichen 92
Das Mahnmal 93
Geteilte Vorfreude 94
Erstaunlich 95
Aufgedeckt 95
Die Wendung 96
Tonnenlogistik 96
Dornröschenfrage 96
Die heutigen Kids 96
Zukunftsvision I 98
Zukunftsvision II 98
Innovation 99
Kreationistengeschwätz 99
Sehers Rückschau 100
Was tun? 100
Der Satellit 102
Lokalisiert 102
Gefahr im Verzug 103
Gar vieles 103
Ein Beben 104
Wie wäre es? 105
Am Tresen 106
Letzte Frage 108
Letzte Antwort 108
Fair trade 109

Halunkenruf 109
Du Unke, du! 110

<u>Nachwort</u> 111
Unke I 111
Unke II 111
Unke III 111
Krötencredo 112
Ein Wort am Ende 112

<u>Fußnoten</u> 113

<u>Inhalt</u> 115

Hinweis

In diesem Verlag ebenfalls erschienen:

Sonja Maria Rathjen: Gereimtheiten
Gedichte und Lieder
Paperback, 88 Seiten
€ 12,80
ISBN 9-783-734-74420-4

Sonja Maria Rathjen: Alleingänge, Band I
Geschichten in zwei Bänden
Paperback, 76 Seiten
€ 7,80
ISBN 9-783-739-22017-8

Sonja Maria Rathjen: Alleingänge, Band II
Geschichten in zwei Bänden
Paperback, 128 Seiten
€ 9,80
ISBN 9-783-739-22678-1

Sonja Maria Rathjen: Ach, du meine Heimat!
Gedichte und Volksweisen
Paperback, 128 Seiten
€ 12,80
ISBN 9-783-741-20534-7